小廚師

{我的幸福投資}　蔡穎卿／著

愛的接力

美的實作

看看小廚師怎麼做

來！我們也來試試看

〔推薦序〕

讓心中感動的漣漪擴大

摯友 鍾惠蘋

在一次電台的專訪中，Bubu談到她是個很有耐心，但同時也很沒有耐心的媽媽。她舉例：教女兒綁鞋帶時，她願意以幾天的時間，清楚而仔細地耐心教導，確定每個步驟她完全都學會了；而不願因匆匆教導，日後為了沒有真正明白，需要一而再為綁鞋帶的事煩心。這次對話令我印象深刻，也看到Bubu個性中的某些特色——確實，精準，敏銳，實用。

本書分享的是在「小廚師」課程裡，Bubu與孩童在教導—學習互動中的觀察所感。我們一向重視孩子在課堂上的表現，其實在書本外，動手做的過程更能看到孩子的學習是否紮實，在崗位上的盡心投入更能帶來內心滿足的自信。

〈小老師，好架勢〉提到她在工作安排上刻意打破年齡的迷思，因為我們總以年紀設限了許多的可能；此外也提醒大人在教導孩童時，不能只停於口頭示範，為人師者一定要有不怕麻煩的心態，才能提供給孩子真實學習的機會，即使產生錯誤的結果，也是學習中可貴的經驗。在〈讚美與自信〉一文，我們常對孩子說「你好棒」，其實對孩子而言，這是很含糊空洞的言詞。在孩子逐步努力完成工作中，隨之產生踏實自信的能力，大人發自內心的讚賞並能說出具體事實或行為，對孩子才能產生實質的鼓勵。

〈真主意不假商量〉提到當小朋友互換原已安排好的工作，身為大人如何不強勢介入，卻又能顧及願望與公平的機會，使一份看起來無趣的工作，因著適當的引導而產生對工作的投入和執著，當不起眼的工作被肯定稱讚時，亦開啟孩子心靈的新視界。聖經有言：「你們做父親的，不要惹兒女的氣。」意謂大人不要常以自己的經驗，擅自為兒女做決定、下結論，或在言語行為中不尊重感受，以致惹孩子的怒氣，長久更會使他們失了志氣。

在書中另一單元，是教導小朋友動手做的食譜。我本以為之不同於一般食譜，會簡化困難度或複雜性，但正如Bubu一貫的信念，問題不在難易，安全性是首要的考量，因需要父母的協助，所以在內容設計上以食材器皿的方便性但又不失趣味來定調，期盼親子在配搭互動中，不僅完成美味成品，更體悟到在汗水與麵糊中，也可能無預警地開啟心靈喜悅，美好回憶也有可能在廚房的混亂中累積。

以前中文系老師鼓勵我們寫作要以「人人心中所有，人人筆下所無」為目標；其實Bubu的文章所寫都是我們日常生活熟悉的場景，只是我們太輕忽心中晃過的感受，沒有認真正視問題所在，而少去省思其所帶來的哲理智慧。

猶記大四畢業時，學校對畢業生有份身家及職業的調查統合，中文系的我們，所填的職業不外乎是教師、作家、編輯；而Bubu填的竟然是「家庭煮婦」，不免引起同學心中的疑問，這個普通平凡的頭銜，是份正職嗎？它不是工作之外，另一個身份嗎？二十多年過去了，在生活上，Bubu大大實踐她對「家」衷心的熱愛及夢想，無論對女兒的教養，對精緻美食的樂在其中，更令我驚豔的是對理想家居裝潢的設計和監督施工，才明白一份對家原始的愛，透過屋內溫馨擺設的呈現，廚房飄出香味給予的安定感，以及點滴教導所開啟的心靈對話，在內外兼顧的經營中，都可看到因為用心付出，得以培育家人快樂且健康的美好關係。本著樂於與人分享的理念，Bubu以同樣細膩的觀察和感受延伸到小廚師的學習，在完成一道道精緻餐點的過程中，不僅教導孩子的做事態度，也給大人更多的省思和挑戰。

〔自序〕

好好照顧自己的孩子

原來，愛孩子是這麼單純的一件事，
就用全然的誠意，把自己勝任的事，好好帶他們做一回，
然後用欣賞的眼光，用耐心的期待，展望他們的未來。

蔡穎卿

我曾在演講中回答一位年輕爸爸的詢問，他想知道我如何能花費這麼多心力舉辦活動，我告訴他：是年齡的問題。如果在十年或二十年前，即使我已有帶領孩子的能力，也絕不會舉辦「小廚師」活動。因為在那個階段，我正忙於工作也忙著照顧自己的孩子；而當時，我的工作與教育並無任何相關，即使深信某些想法值得分享，我還是得先把屬於自己的本份責任好好完成，再談其他。

時間轉眼過完二十幾年，當我以虛歲五十的精神與體力來動手帶領「小廚師」活動時，我所要推薦給大家的就是經過自己生活實證的經驗與收穫。藉著對小廚師的觀察，來說服每對父母「好好照顧自己的孩子」，就是我這一年半來從工作中抽空、克服一些困難繼續舉辦這個活動，並動手整理這些資料最重要的推力。

在兩個女兒都已經長大的此時，我更加了解，如果每個人都能盡力照顧自己的孩子，而不一心想尋求更神效的教育妙方，這個社會的教育問題自然會單純許多，父母的心才能安定下來，而所謂的社會風氣也才有自然改變的可能。

商業概念蓬勃發展的今日世界，教育理想真正的敵手與阻礙，也許是那份「可以將之市場化」的敏銳嗅覺，與刻意曲解競爭所引發的爭先恐後。於是，當一個孩子被看見的時候，他背後可能帶來的商業價值，一分也沒有被遺漏地同時被計算，只因父母對於教育成果越來越熱切，並願意花大筆金錢來作為投資的籌碼。

父母當然應該為孩子投資，然而，金錢卻非唯一的可能，也非萬用的靈丹。恰恰相反的是，有些教育如果缺了父母的意願和參與，原本自然而能有的成果反而會越離越遠。

去了更多地方、認識更多的孩子之後，我益加確信，教育絕不是因為透過某一種主張而造成影響的。教育的改變是來自誠意與作為，光是贊同或反對都不夠，我們得提供機會、採取行動，孩子才能從社會的主張中受益。還是莎士比亞的那句話：「只有行動才有力量。」

承蒙許多讀者對我的信任，「小廚師」活動在很短的時間內就收到一千名等待參加的小朋友，估量自己的力量之後，我隨即關閉了網路上的報名。有記者問我：「既然妳在這麼短的時間就能收到一千個小朋友，為什麼妳還說，這個活動不能『商業化』？」

也許這樣回答會更清楚：這個活動的形式並不是不能商業化，教孩子做菜或帶一個活動有什麼難呢？但其中細緻照顧的精神的確是無法商業化的。也因此，我認為這個活動一直能持續做下去的場地是「家庭」，能不斷給予機會的也只有「父母」。如果你讀完我書中的分享，並真心看重這些價值，徹底執行就不再是困難的決定了。

我很感謝所有參加過活動的小朋友，更感謝他們的父母親如此地信任我，並允許我刊登活動的照片。雖然，做一場「小廚師」遠比餐廳正常的營運更辛苦，但其中的快樂與隨著照片所留下的童顏笑貌，卻也是無可取代的。

我在最感到辛苦的時候，常常會想起以演奏〈梁祝小提琴協奏曲〉而聞名的日本小提琴家西崎崇子女士。她曾在拜訪「少年宮」時與一位小男孩一起拉琴，照片中夾著琴的頸項雖然是微微上昂的，但帶笑的眼神卻往下望。她充滿情感的凝望剛好與小男孩神氣夾琴上望的眼神知心交會，那笑裡所代表的傳承與希望，深深打動了我的心。

原來，愛孩子是這麼單純的一件事，就用全然的誠意，把自己勝任的事，好好帶他們做一回，然後用欣賞的眼光，用耐心的期待，展望他們的未來。

致本書攝影者——我的先生Eric

我必須非常誠實地說，如果不是因為Eric在每次小廚師的活動中特地為我留下這些照片，我繼續這個活動的熱情也許無法一次次地重新燃起。

無論我外出演講或接受採訪，當大家看到我的確花了不少時間在實作之上，總喜歡問我：「妳先生對於妳這些想法都給予支持嗎？」

我確實受到全家人的支持，當然，其中有一個非常重要的背景條件已在序中提過，那就是我已經把兩個女兒都照顧長大了，在盡責任的優先順序上，不用面對應該先把時間付給誰的掙扎。不過，即使如此，持續這些活動所需要的幫助與鼓勵，也絕對是實質與大量的。

每次辦完一場「小廚師」，我總在接下來的幾天中看到Eric會在無意間舒展或搥打身體。我知道那是他為了要捕捉孩子專注可愛的動作與神情，又為了不打擾他們工作，得十分敏感地體會工作動線，自動讓路，所以他常以奇怪的姿勢在拍照，並在不同的工作站中跑來跑去、神出鬼沒地搶下他所能掌握的一切瞬息。孩子不是他的模特兒，除了搶到的鏡頭之外，我們不提供任何特別的方便，有時他一不小心擋到我們一點點路，我就視他為蒼蠅一般，揮之唯恐不及。

我深信，Eric能留下這些照片，並非只是因為他愛攝影，而是他完全了解並讚許我對教育的想法。所以，在每次「小廚師」之後，雖然我們腰痠背痛的原因並不相同，但看著照片嘴角泛笑的愛卻是一模一樣的，即使這些孩子並非我們的子女。

我記得Eric每次對我說起自己錯過哪些美妙片刻時的扼腕神情，我最感動的，是他又對我說：「再精彩也絕不要求孩子重做來拍照，因為這就打斷了他們對於活動進行的真實感受。」他這樣地珍惜著孩子的心情，使我也同時領會到他對我的珍惜；我想，這就是別人口中說著的鼓勵吧！

幾十年前，攝影家卡希用一具簡單的相機拍下許多精彩的鏡頭，他曾說過這樣的一句話——在未按快門時先看和想，心和腦才是真正的透鏡。

對於孩子，珍惜他們，使他們感到自在，是Eric透過鏡頭捎給我的訊息，我因此而更加懂得要如何親近孩子，更加了解無聲的影像中，永遠記下的種種可愛。

謝謝Eric！

愛的接力

我相信「教育」永不改變的目標，是為了要幫助我們能擁有更好的生活，包括一個人內在的安定、有能力謀求生活所需的物質，以及對共同生活在這個社會的其他人來說，不但沒有負面影響並且有所貢獻。

我們一點一滴、從小學到大，只為讓自己裡外的快樂達到真正的平衡，並適應這個不斷改變的世界。

為了這個看起來似乎十分簡單的目標，每一個社會都投入大量的人力與心力，研究並執行「教育」。無論是帶著責任感、理想性，體制內或編制外，只因關心「教育」內涵的人長年在各個角落力行不歇，才使得我們在遭遇某些挫折時，仍能對「孩子應當越來越好」懷抱永不止息的信心。

我也是角落當中的一個人，很贊成「情境教育」的主張，於是以一個非專業教育工作者的身份、以一個中年母親的經驗，試著以「小廚師」活動來投射我對教育的熱情，並以此印證孩子需要家庭的關懷。

我一點都不在乎這份影響夠不夠大，因為以我微薄的力量來說，每一次從幾個孩子身上所激盪出的生命熱情以及領略到的希望，已經使我感到滿足。一年半的帶領活動日記，整理成第一部分二十七篇有主題的分享，期待父母讀者看到這些流動的照片與我的記錄時，不只視它們為一場活動的觀察，還能從中找到與孩子相處時，適合每一個家庭的同工方式。愛是需要學習與努力的，無論別人如何看待我的「小廚師」，只要有一個孩子長大後能記得與我們靜靜工作時的愉快，那就是我投資給幸福所得到最豐厚的報酬。

我願它是一場愛的接力，從我手中傳到你的家庭裡。如果家家都有「小廚師」，它所代表的並非我們國家的飲食品質一定會相對提高，而是每對親子之間應該會有更向心的家庭愛，每個孩子也將會有更完整的生活力。

緣起

實作是一條路，一條通往真正教養的路。在同工之中，
我親眼目睹被信任的孩子因此更了解自己的能力，
信任交託與能幹成長於是形成最美好的循環。
讓我們把教養觀念都落實在生活中吧！教養是表現而不是表達。

「小廚師」活動在我的心中萌芽雖久，但真正讓我把念頭催化成行動的，是十二位復興小學的小朋友。兩年前，我曾受一位家長之邀，在太平洋百貨公司俱樂部的烹飪教室與幾個家庭相聚，那天，我帶了幾對親子一起學做年菜。

幾個月之後，發起的家長淑惠再度與我聯絡，當時，我已在三峽安置好自己的餐廳並開始營業。淑惠問我能不能再辦一次類似的活動，在答應她的那一刻，我心中浮現了幾度計畫與揣想過的「小廚師」畫面。我脫口就說出要為他們舉辦一次這樣的活動，心裡的勇氣至今還弄不清楚到底打從哪裡而來。總之，在二〇〇九年的二月，「小廚師」活動就在復興小學那十二位大大小小、聰明可愛的小朋友的靈活身影之下，揭開了序幕。

活動之前，我在自己的網站中貼了一個關於Bitbit Café的營業告示。

親愛的朋友：

星期五（二月六日）的下午，我們的第一批小廚師將進駐店裡，為他們的父母親烹調一套從前菜到甜點的正式晚餐。

因為這場教學與實作的時間很長，我們將無法提供晚餐的訂位，午餐也將在一點半結束，以清潔用餐現場。

特此敬告

更感謝您的體諒！

對於二月六日與孩子的實作，我滿懷著愉快的期待，希望這會是一場非常特別的晚餐。這些家長給了我機會，我計畫把幾種不同的想法綜合在這堂課程的實作之中。我希望孩子們能學到——

美食的知識

烹飪實作

安排工作順序的重要

時間感

呈現設計的重要

與

自己對餐廳文化的貢獻

記得小時候，父母師長是從農民的辛苦來引導我們體會「惜物愛人」的教育。對我這樣在鄉下長大的孩子來說，了解「誰知盤中飧，粒粒皆辛苦」的詩境一點都不難。我們的生活環境舉目可見稻田與農民的勞動身影、也有漁民在颱風天中不知能否平安歸來的生活辛苦體會。在那樸實的年代，浪費食物是連別家大人見了都要責備的，更何況是自己的父母。

但是，年代改變了，現在的孩子即使在父母面前糟蹋盤中的食物，懂得為種種不當的態度而教導孩子的父母，恐怕也不多見了。請別人調整來順應小孩的喜好，成了父母愛孩子的新方式；更有很多父母在不知不覺中為孩子做了不良的飲食示範。在我的餐廳中，就曾發生過好幾次讓我們都瞠目結舌的故事。

有一次，一位母親在等孩子下課前先進餐廳就座點餐，她交代服務員說：「你們一定要在我的孩子到之前把他的菜上桌，否則，我會被他罵死。」多麼奇怪的改變，如今不但是父母怕被孩子罵死，當小朋友把桌上用來加進咖啡與茶的方糖拿來泡水玩而被勸阻時，有父母竟索性把一整碗的方糖都拿起來倒入水中給我們看。我很想知道，那一刻，眼看著這一切發生的小朋友，從父母行為中得到的教養訊息是什麼？這會影響他將來行事為人的價值觀嗎？

餐桌雖然只是一方木頭或其他質地所形塑的圍坐空間，但在餐桌的活動中，一個人的思考方式與價值觀很容易就顯露而出。餐桌文化絕非只是口腹之間豐盛與美味的問題，它或許可以被視為見微知著的教養顯示。

我覺得現在的孩子應該重新體會一粥一飯得來不易的認識，不見得是從「汗滴禾下土」這種與他們生活脫節的意象，而是從真真實實的操作與學習中來理解。

我無法細訴或保證，一個孩子體會良好的餐廳文化對他們的成長有多大助益，但是我願意、也一定要在這個課題上盡我的能力耕耘。這是我願意起步開辦「小廚師」最重要的自我期許。實作是一條路，一條通往真正教養的路，即使進度很慢很慢，我還是想與認同的父母互勉：讓我們把教養觀念都落實在生活中吧！教養是表現而不是表達。

在開辦「小廚師」之前，我曾去了不少地方、與許多可愛的孩子一起工作過，他們的潛力總是讓我驚訝。這些眼見為憑的感受，使我能更清楚地與父母分享「信任」的重要。在同工之中，我親眼目睹被信任的孩子因此更了解自己的能力，信任交託與能幹成長於是形成最美好的循環。

我非常喜歡孩子，不管與哪個團體合作，只要是以孩子為名義而舉辦的活動，我都會提出大人名額越少越好的建議。因為既是以孩子為對象，就該盡可能把注意力都留給孩子。

辦一場活動，我的心力非常有限，如果還要分神給家長，一定會減少關注與教導的時間，這是「小廚師」活動並不以親子同行的形式而舉辦的理由。

第一場活動，復興小學的家長們完全支持我的想法，所以，他們的合作為「小廚師」建立起非常美好的傳統。此後的每一次活動，我們都在一片寧靜的氣氛中與小朋友合作同工。雖然彼此陌生，但我們以專注工作來積累默契。

有好幾次，當我走出自己負責帶領的工作站，遠遠望見伙伴們與孩子在桌前燈下工作，如舞台般動人，我似乎看到了自己人生中最美麗、最安靜的夢想，一次又一次在孩子們可愛的臉上被完成、實現了。他們使我領會到做個好大人的意義，使我重拾自己孩童時對大人的信賴與仰慕。我知道，我們其實可以為孩子做很多事，只要把持自己的注意力、把心思全然地放在孩子身上，就可以共同領受那說起來虛幻，但其實緊緊牽繫著彼此的「愛」。

◆請接應我，我也知道要主動幫你，小廚師的目標是以專注工作來積累默契。

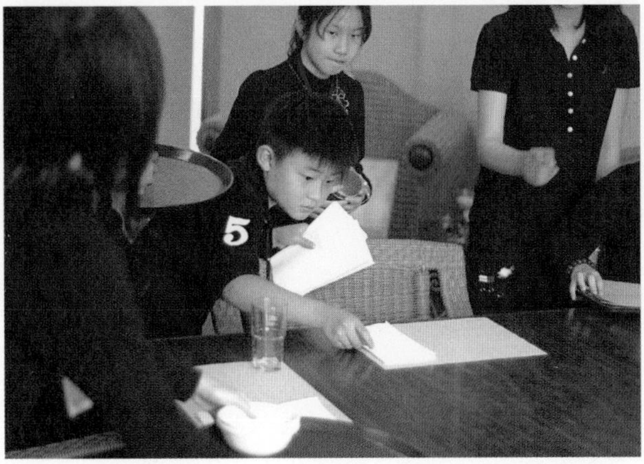

「了解」是兩個非常奇妙的字。對我來說，
它代表的是我們用心串聯不同的資料而完成的印象，
那些串聯是為了要幫助加深彼此的認同，
以便有更舒服、誠懇的相處。

以小廚師的工作緊密度來說，我很難有時間在活動之外，另撥時間去了解每一個孩子。誰曾與我同工，我自然就多一點對他們的認識。雖然因為工作採輪流制，不一定每個孩子都有機會長時間留在我的身旁，但是，當活動完成時，我多半還是對他們有一定程度的了解。

在五到七個小時不等的工作過程中，合作是絕對必要的，因此，即使不與我同在一個工作站的孩子，我們也會在接應或互相支援時，看見彼此的工作狀況與美好的心意。

有位小廚師忻容的媽媽在一次分享中提起「了解」這件事的奧妙。她說，孩子回家對她說起我種種的好，但是，她也知道當天我們倆並不在同一組工作。到底，我是怎麼建立這美好的溝通？

「了解」是兩個非常奇妙的字。對我來說，它代表的是我們用心串聯不同的資料而完成的印象，那些串聯是為了要幫助加深彼此的認同，以便有更舒服、誠懇的相處。

每當我想了解一個問題或一個人的時候，我很少以提問的方式進行我的探究；如果要問，也是我先「看」到了一些事，才因而引發相關必要的提問。所以「觀察」反而是我進入了解最好的方法與最重要的途徑。

我說「觀察」的時候，其實是包含兩個動詞的；一個是五官的感受，比如說「看到」或「聽到」，然後以「思考」來處理這些經過五官收集的資訊。經過思考之後，五官所收集的資料就變成真正有用的觀察。

我不是非常重視人們慣於收集的基本資料。有一次，一位朋友忍不住好奇地問我，為什麼我從不問他們家在做什麼這一類的問題？當時，我們已認識將近三年，而我似乎對一般人一定會問及的問題都不感到興趣。我笑著說，因為我不覺得這對我們的友誼有任何影響或意義，他「友直、友諒、友多聞」，所以即使少了這些資料，也完全無損於友誼的進行。

同樣的，我並不關心孩子們來自哪個學校、父母們的背景如何。有人主張這些資料有利於觀察，可以幫助教育的進行，但我並不完全同意。在「小廚師」活動引起了一些注意之後，有不少採訪者問過我資料性的統計問題：

◆有成就感的工作很容易讓孩子上癮，越做越有架勢。

◆「觀察」是進入了解最好的方法與最重要的途徑。

來報名的父母教育程度為何？

社經地位為何？

我真是一問三不知。不知這是否因為我並不關心，而不關心最主要的理由是：與孩子面對面的時候，我相信自己會用心觀察他們。我知道有許多有趣的事等著我去「看見」。那些統計數字也許提供了某種印象，但真正有利於我跟孩子相處的資訊，還是得從我的「了解」而來。

比如說，我們都認為，社會地位高、經濟力足夠的父母，給予孩子的照顧會相對周到；那麼，當我們看到一個小朋友指甲沒剪、袖口很髒的時候，是否就能以此判斷孩子是因為家裡窮，沒人照顧？或者，也有可能是父母並未花時間給予周到的關懷？父母的收入或可說明一個家庭付不付得起昂貴的學費，卻絕對無法保證一個孩子是否完整被愛與健康地被照顧的品質；然而，一個氣定神閒的孩子，可以明確反映出一個家庭的愉快指數。

為什麼我跟忻容並沒有同組工作，卻可以知道她是個和善溫柔的孩子？在我回答她母親時，並不是只想隨口說說讓人深感安慰的話而已。實際上是因為我看到當天忻容與另一位小朋友同組送菜，每次她們兩人手捧托盤來到廚房準備出菜，忻容雖沒有機會真正「主其事」，卻以最含蓄可愛的態度面對了身處的狀況。

食物難免有湯湯水水，如果兩個人共捧一個托盤，是非常危險的事。所以我們一直採用完全由一個人來端托盤，兩人一組一起走到桌邊，再由另一位小朋友把食物從托盤中上給客人的方式，來進行服務。

有成就感的工作很容易讓孩子上癮，所以，有些小朋友會不自覺就忘了先前約定的輪流制度。我注意到好幾次伙伴輕輕撥開忻容的手，端起整個托盤時，她的臉上總會泛起一抹溫婉的笑，那笑讓我想起「謙讓」兩個字。我看得出來，她明明也很想試試看的，可是當同伴一有動作上的暗示時，她就接受了對方的想法。笑裡也沒有委屈的感覺，只有那麼一絲絲未能如願的遺憾，以及似乎相信，下次就會輪到她的一種期待。

雖然我在爐台邊帶領著步調匆促的主菜製作，但孩子們的動靜舉止都在我的關懷中。下一趟，當兩個女孩再進廚房時，我隔著她們與我之間的大工作檯，輕聲提醒，該是兩個人交換工作的時候了，我說：「這一盤，就換忻容端吧！」

一經我提醒，忻容的伙伴輕聲應好之後，托盤立刻換了手。雖然我的雙眼還忙著在注意身邊的小主廚要繼續下一張點單，但我的身體卻忍不住繞過洗碗區，一路尾隨著兩個小女孩的身影而去。

我想看到忻容完完整整走完那趟送菜的服務之旅；好像她那抹笑裡的願望也曾是我心裡小小的期待呢！她一定不知道我站在廚房門口遠遠地看著她向客席走去，如果知道，相信她一定會樂意給我一個回眸的微笑。

◆從氣定神閒的孩子身上，我們可以看到一個家庭愉快的指數。

◆在接應或互相支援時，我們遞送美好的心意。

反應

因為注意孩子的反應，我一觀察出他們聽不懂我的話時，
馬上就改變另一種說法來增加了解的可能。
我盡量避免使用同樣的說法，
只靠著增加口氣的力度來達成溝通。

我跟孩子們談話，很注意他們的「反應」，我是從反應中來檢視小廚師們是否完全理解我的說法、清楚我的請託。

有些父母總以為，現在的孩子很聰明，哪有聽不懂的話語或道理。是的！現在的孩子都聰明，會說很難的語彙、會講出讓父母忍不住得意分享的驚人之語。但是只要仔細觀察孩子的反應，我們就不難發現，孩子的「懂」跟我們要他們「懂得」的程度，是有差別的。

我常在請小廚師幫我做一件事的時候，看到孩子愣在原地沒有行動，這時，我馬上就想：我剛剛說的話裡，是不是有哪些意思是他不了解的？我得再次投出溝通的訊息。比如說，我拿一個空盆遞給身旁一位小一的孩子，要他「走到前面的沙拉檯，去跟小米粉阿姨要三顆馬鈴薯。」我看到孩子雖然點頭也接過盆子，卻站著不動，他的臉上看起來有一絲絲疑惑，但或許因為小，還不知道該如何馬上提問。我立刻想到，他接到我的指派卻沒有行動，並非不願意，應該是聽不懂我話中完整的訊息。

我很快地過濾幾個可能：走出廚房，他一定懂；三顆馬鈴薯，也很清楚；那麼，問題應該是出在那個對我來說非常易懂的資訊——「小米粉」。這個人對孩子來說是個無法確定辨識的名詞，也許，他心裡正疑惑著：小米粉阿姨是哪一個？外面共有四個阿姨呢！我於是馬上更清楚地描述小米粉所在的位置與她的特徵，就在我第二次加強解釋的時候，孩子一聽完馬上欣然地邁出腳步，因為他已經得到可以完成任務的資訊，在這種情況下要採取行動才會篤定。

因為注意孩子的反應，我一觀察出他們聽不懂我的話時，馬上就改變另一種說法來增加了解的可能。我盡量避免使用同樣的說法，只靠著增加口氣的力度來達成溝通。

成人面對生活時，有些疑惑因為有足夠的人生經驗而能在理智上得到解釋，也因為自己擁有這種能力，我們常常「想不通」或「不相信」孩子會聽不懂我們的發話。有一次，有位小廚師在知道小米粉與庭宜是一對母女後，她完全困惑了，在活動結束前，總共去問了小米粉四次：「庭宜真的是妳生的嗎？妳確定嗎？」她本以為這兩個無論相貌或體型都很像的兩個人是姐妹，一旦聽說是母女時，在她的經驗中實在太驚訝了，不都是大生小嗎，人怎麼會生出跟自己一樣大、像個雙胞胎般的孩子呢？這就是她的腦中還沒有「早婚」這一類的資料來連結處理資訊，所以眼中的景象不能立刻產生合理的解釋，只好一再求證。

在工作中，我注意與孩子溝通時他們的反應，是因為設想到類似的問題。當我跟站在冰箱前的孩子說：「請妳回頭開冰箱，幫Bubu阿姨拿一瓶鮮奶油出來。」我一定要想到，孩子就算知道鮮奶油是什麼，也未必知道我們用的是哪一種牌子、又做成哪一種包裝。所以在她打開冰箱時，我接著說明：「妳左手邊那三個藍色跟黃色的長紙盒，裝的就是鮮奶油。」

因為彼此的認知與經驗不同，誤解是很容易在溝通中發生的，更何況是在年齡差距非常大的小孩與成人之間，各說各話是常常發生的事。

曾經有位家長很苦惱地提起她五歲的孩子會「說謊」，事件是因為她從好朋友家拿走了一條巧克力去學校，在學校拿出來的時候，她的好朋友看見了就說：「這是我家的東西。」老師一聽覺得應該要處理，就問小朋友：「這是不是她們家的東西？」孩子點點頭，老師又問：「所以妳偷了人家的東西嗎？」她又點點頭。這下事情嚴重了，老師報告給媽媽聽，媽媽很難過，晚上幫她洗澡的時候想要好好跟她說：「偷人家的東西是很不好的，妳到底有沒有偷小朋友家的巧克力？」這下她又說：「媽媽，我沒有偷。」哇！媽媽一聽，事情非同小可，現在可不只「偷」這件

◆仔細觀察孩子的反應，我們就不難發現孩子的「懂」跟我們要他們「懂得」的程度，是有差別的。

事了，孩子反反覆覆的答案不更是「說謊」嗎？

總之，母親誠懇心切，一層層想下去，都快想出禍國殃民的嚴重性了。沒想到隔一天，宣稱巧克力被偷的那位小朋友的媽媽知道了這件事，非常訝異竟有這樣的誤會，她說：「那巧克力是我給她的啊！給的時候我女兒不在旁邊，所以她誤會了！」謎團解開後，當母親的更不解了，既然不是偷，又為什麼要承認是偷。她讓我幫她想想，孩子的心理到底哪裡有問題，是因為大人太兇，逼問成供嗎？還是其中有更艱深的兒童心理問題。

我聽完這個故事，立刻想到的是，這五歲的孩子曾經聽過「偷」這個字嗎？就算聽過，真正了解「偷」的定義嗎？依我想，孩子兩次的承認與否認，都只是順著大人給的線索攀爬而下，她不是真的懂得「偷」就說出答案了。「偷」是「在沒有經過詢問、或詢問之後未經允許把東西拿走，並擔心物品的主人知道」的行為。很多小小孩懂得懼怕，並不是因為知道事不可為，而是那些被分類為「不可做」的行為中，配套有嚴重的處罰。

我們平日如果習慣以自己的經驗，未經層層檢視就推理孩子的認知程度，的確會造成溝通的困難。在帶領小廚師的每一次活動中，提供我了解孩子的基礎，就是注意他們的反應。從語言的回應或行動的反應中，再深思自己要如何採取下一份指導，帶來工作上最可能的進步與溝通上最和諧的流動。

◆提供我了解孩子的基礎，就是注意他們的反應。從中我再深思要如何採取下一份指導，以帶來工作上最可能的進步。

真主意不假商量

這是我當母親與教學時永遠掛在心上的準則：
真主意不能假商量；不是選擇就不要用問句。
假的民主只會引起沒有邏輯的言辭辯論，
沒有道理支持的訴求，氣勢雖大卻很空洞。

在小廚師們做完備餐工作、小聚在大餐桌上先吃飽自己的午餐時，我會利用一點時間，跟他們討論十二點半餐廳正式營業後工作分配的問題。小朋友如果不滿意自己被分配到的組別，通常只要我輕輕勸告，他們都很快能轉變一時的小小失望，接受我原先的安排。我的決定並沒有什麼特別深刻的考慮，雖然，我所負責的工作站是主菜的熱處理，比較適合體能成熟一點的大孩子，但我會更想把一兩個特別需要照顧的小小孩留在身邊。

一年多來，工作的分配都是一經協調就很順利，直到前不久，有個梯次的小朋友在分配後直嚷著他想煮菜，不要做外場服務。當時，如果我要堅持原來的分配，平息這小小的申訴與爭取，我想也不難，但是，如果抽籤可以讓大家覺得更心甘情願一些，其實也花不了幾分鐘。

我立刻走回櫃檯去拿了一張紙，折成三折，露出的一端有著八條線，線的另一頭隱藏連結著工作組別的代號。一提到抽籤，孩子們開心了起來，我提出約定，不管抽到什麼工作，答案揭曉之後大家就高高興興動手。想進廚房的那位小朋友深謀遠慮，馬上想到了萬一自己的運氣趕不上心願，那該怎麼辦？他問我可不可以換工作。我本想說不能，又覺得有一點不近情理，所以，抽籤前我告訴大家，「只有兩個人剛好都很想要對方的工作時」才能換。

三折的紙翻出後，一如放榜永遠有的幾家歡樂幾家愁。我們想進廚房的那個小朋友掛著一臉沮喪望向我，而我這組竟然真的分到了一個小一的小朋友。這位小一孩子的哥哥抽到做沙拉，而在前兩個小時的準備工作中，哥哥已經跟那位一心想當主廚的小男生變成好朋友了。

我負責出面詢問兩位抽中主廚的小朋友願不願意跟外場換工作，當面得到明確的回絕後，我提醒孩子們各就各位上工了，Bitbit Café準備開門迎接用餐的客人。

就在小廚師做最後的整裝、點蠟燭，準備拉開鐵門時，那位很想當主廚的小朋友興奮地跑來跟我說：「Bubu阿姨，有人要跟我換工作了！」他說的是他那位新交好友的小一弟弟。我笑了，心裡猜想這個小小孩應該是被「周轉」了，也許，是義氣的哥哥出面說項的呢！但我不能隨便咬定這樣的事，我請孩子等我一下，在燭台前找到那位小一的孩子。我問他，「真的願意換嗎？」他一邊開打火槍一盞盞燃起燭頭上的光，沒有抬眼看我但沉默地點點頭。唯恐我的問話會改變定案，他的哥哥和好朋友更在一旁輕輕喊著：「真的！真的！他自己願意換的。」有那麼一刻，我本想插手管到底，但馬上又改變了心意；原因有兩個。

我經歷過眼前孩子成長的每一個階段，我自己的小哥哥長我三歲，往上推一年一個，共有三個兄姐。在小時候，我也有過不只一次退讓自己最想要的東西或機會的經驗。這種被說服雖然不能說是次次自願，但也不一定能說是大孩子威脅小小孩的結果，那些介於其間的微妙情緒，有時候大人一介入反而就複雜了。如果當時這個小小孩沒有點頭，我會追問下去，但當他回應了，雖然他的點頭與我的判斷之間是有出入，但我不能不採信。同時不信任兩邊，只顯示我的判斷有多強勢，自我中心的行事是很糟的身教。

另一個使我不堅持的理由是，從經驗中，我知道孩子們只要一深入工作，就會愛上他們被分配的組別。我相信這個小小孩，等會兒在外場會如魚得水，那份快樂將彌補他讓出廚房工作的小小委屈。果然，後來忙完主菜，我想邀他來廚房嚐嚐主廚的滋味時，他緊抓著托盤，忙得分不開身，對我的邀約絲毫不感到興趣呢！

是的！一年多的經驗顯示，孩子們到後來多半是對自己的工作入了迷，他們不願意換工作，成了我們供餐活動展開後的問題。

這天，一個高年級小朋友被分配到做沙拉的工作。原本說好供餐的最後幾道，

◆我知道孩子們只要一深入工作，就會愛上他們被分配的組別。

我們會讓其他小朋友也做做看，而他得輪到廚房來做清理工作，但該交換時，孩子卻不肯放手了。我當然了解他們正感受到熱情，想多做一點、再多做一點的欲罷不能，但主動顧及每一個孩子的機會與願望，也是我的工作之一。

我走到沙拉檯準備換人時，聽到小米粉輕聲問他：「你輪去洗碗好不好？」孩子聞聲斷然答道：「不好！」小米粉無奈地看了看我。我笑著挽起他的手臂，轉身就往廚房走回去，一邊走一邊跟他說：「對不起！Bubu阿姨的廚房裡很需要你。而且，我們說好了大家得輪流工作、互相幫忙。」我領著他去做水槽的清理，因為熟悉，所以我的動作很快，他得集中心神趕上我才成，這馬上激起了他對眼前工作新的挑戰熱情。我轉移了他想留在沙拉檯的留戀，在洗碗的工作中，他也能看到自己與先前相同的執著與能幹。

不過，事後我仍然對這件事有深刻的檢討。我跟小米粉討論，工作輪流是我們跟孩子的一種「約定」，而不是詢問後的「商量」，所以不應該用「好不好」來做為談話的句型。凡是問一個人「好不好」的時候，當然要接受「不好」是其中的一個選項，不能在回答者做出選擇後又不准。雖然我們無心，但孩子一定會感受到真主意假商量的敷衍。

之所以有這個約定是為了公平，孩子如果徹底明白，再不願意也無法抱怨。但是，如果問他「好不好」，又不准他選擇「不好」，那這個問題本身就已經失去嚴謹對話的基礎；大人跟孩子溝通，最怕的就是失去討論的真正合理性。所以，這是我當母親與教學時永遠掛在心上的準則：真主意不能假商量；不是選擇就不要用問句。假的民主只會引起沒有邏輯的言辭辯論，在攻防之間，如果孩子有更大的不滿，權威也只是一時的鎮壓，沒有道理支持的訴求，氣勢雖大卻很空洞。

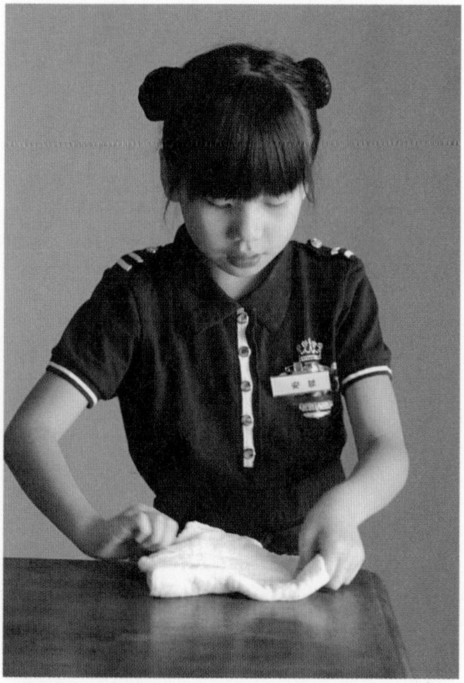

◆只要激起孩子對眼前工作的挑戰熱情，他們都能看到自己的執著與能幹。

有些事因為運作上的公平，無法任由孩子選擇；
但另有些事，我就主張多聽聽孩子的意見，
尊重他們自己的決定。如果孩子對於工作方式有更好的想法，
我們一定會讓他們做各種嚐試或採用他們的主張。

小廚師工作站中的輪流制度是無法讓孩子自由選擇的，因為一選擇，就一定會有某些工作無法得到青睞；而且，孩子在還沒有接觸前，通常是用猜想來決定自己的喜好，這對學習與開放體會的考量來說，並不正確。所以，我跟工作伙伴說：「我們自己要知道，這是分配，不是徵詢同意，用語要正確，執行要公正。」

這樣的決定雖然表面上看來是專制威權的，但因為考慮的基礎是要使大家都有公平的機會，我們處理的態度也溫和，所以，孩子面對分配時並不感到不快。

有些事因為運作上的公平，無法任由孩子選擇；但另有些事，我就主張多聽聽孩子的意見，尊重他們自己的決定。比如說工作的方式，如果孩子有更好的想法，我們一定會讓他們做各種嚐試或採用他們的主張。

有一次，小廚師把燙過的貽貝挖掉殼，準備做為白醬烤海鮮的其中一份材料，

他卻發現這貝殼的軟體中夾有海草，很難用手清理拉掉。他一邊問我該怎麼辦，口中還喃喃說道：「如果我是客人，吃到這些草會覺得很恐怖。」真的！我讚嘆他這種工作道德與對客人的體貼心情，所以，我提議讓我們再來好好想想，該怎麼仔細地清理掉每一絲海草。

孩子用手試了又試，發現如果用力扯，有些根反而會斷在貝肉裡，他慎重地問我：「老師，如果我們用刀把肉切開，妳覺得這樣好不好。」我馬上提議：「試試看好了，試試看才知道好不好。」我們墊了砧板，馬上拿起一個夾了海草的貝殼實際來做做看。最後在他的發現下，決定用剪刀把上桌的食材整理到非常適合客人食用的品質。我把這幾分鐘的嚐試視為一種尊重。

尊重孩子的選擇，也包含幾次關於體能的問題。

冬天進行的那幾次小廚師，有幾位小朋友是抱病前來的。他們有些小傷風，但一心期待著要參加，所以勉強打起精神在工作。我照顧兩個女兒二十幾年，對於孩子的體力精神總是敏感的，每當看到一個讓我感覺不對勁的孩子，心裡總是掛念著。曾有幾次，我實在擔心他們的身體，忍不住建議他們要不要考慮提前回家？但是，孩子堅定的眼神都讓我無法再開第二次口，只能叮嚀，如果很不舒服，一定不要勉強。

印象最深刻的是一位小朋友工作到一半流鼻血了，雖然她的媽媽就坐在席間，

◆走到客人面前解說是一件困難的事，但為了工作目標，小廚師個個勇敢。

但當我問她要不要回到媽媽身邊去的時候，她很堅決地搖了搖頭，只想坐在調製飲料的櫃檯區小凳子上休息，她想等血止住了再繼續工作。

孩子有這樣的想法，對我來說不無壓力，如果真的更不舒服，父母會不會原諒我呢？可是，當我蹲在她的身邊照顧她一下、在安靜中仔細觀察她的時候，我發現自己最難以拒絕的是孩子希望面對工作的一片熱情，所以，我尊重了她的選擇。雖然那使我在往後的兩個小時不無提心吊膽，但憑藉著家長會理解我的信心，我看著孩子小息之後再度投入工作。

跟孩子討論選擇的問題，有時也會遇到意外的驚喜。我們有位小廚師跟大導演李安的名字一模一樣，這個二年級的小朋友大概是前幾個小時做準備工作太投入，午餐又因為興奮過度而吃得少，在送完餐、輪流到洗碗區來做清理工作時，李安蹲在地上輕嘆道：「我的腳好痠！我不想洗碗了。」

聽完可愛的感嘆，我也跟著蹲在他的身旁，低聲商量道：「如果你覺得太累，可以回到媽媽身邊去坐。可是，我們不能換其他工作給你。之前有幾次的小朋友，他們也是一、二年級，可是都輪流把工作做完了！你如果是肚子餓、沒力氣，我們來吃點東西；如果是真的不想做，那Bubu阿姨可以帶你到媽媽那兒去。」

我完全沒有激將之意，只想幫他解決問題，沒想到把李安的大將之風完全激發了出來。他虎地一聲，從我身邊站了起來，簡直就像荊軻要出易水那樣的壯懷，擲地有聲地對還蹲在地上的我丟了聲：「我要去洗碗了！」就往前方的洗碗機走去。之後，他足足又站了一個多鐘頭，才離開那個後來也洗出感情的水槽與洗碗機。

當我看到孩子的工作做到實在超過我的想像與期待時，心裡總遺憾這些畫面無法讓大人親眼目睹，所以，偶爾我會徵詢孩子是否願意在用餐過後、我與父母相聚討論時，分享他們的所學。

有些孩子會慨然應允，有些孩子會害羞拒絕，無論答應或拒絕，我都歡喜接受他們的選擇。但有一次，我清楚記得從美國回來參加小廚師的一對雙胞胎兄妹。哥哥仔細問過我：「要說什麼？」我回答說：「因為你們把工作做得非常好，所以可以教教大人該怎麼做。」我舉了三件事做例子，他仔細地想了一想，用著比台灣小朋友發音咬字更準確的國語說出他的選擇：「我只想教他們做一件，我不想要做三件。」我笑著謝謝他答應我。

我很欣賞這麼清楚的選擇，我也尊重孩子經過思考後的決定。

◆在工作中，我很欣賞孩子主動去發掘的可能性，也尊重孩子經過思考後的決定。

來，我們來……

「來！我們來……」代表的是我與你在一起，
也可以是「你來做什麼，我來做什麼」的分工示範；
這當中有各自努力、彼此鼓勵的意味，
也有時間管理的認識，以及已經採取行動並掌握進度的感受。

「來！我們來把工作台清一清！」

「來！幫Bubu阿姨把這盤東西移到另一個小方盤去。」

「麻煩你去跟小米粉阿姨說，小朋友切好的馬鈴薯讓你拿進廚房，我們得把沙拉先做起來。」

在小廚師的活動中，我習慣以「來！我們來……」這樣的邀約來引導或整合工作的進行。

我相信多數的孩子平日無論在校或在家，最常聽到的總是被分派工作的指令，他們是處於被支配或被監督的位置。記得一場演講會後的提問討論中，有位父親就曾舉手問我：「我有親子之間的時間管理問題。雖然我們夫妻每天都幫孩子把時間分配好了，孩子也都知道幾點該做什麼，但在執行上總是無法穩定。我的心情常因此而高低起伏。有時候覺得應該有耐心一點，但到了某一種忍無可忍的時候，還是會發一頓脾氣。生活好像永遠在這樣的模式中循環。」

這不是我第一次聽到父母以生活實例來陳述管教上的情緒困擾，不過，我總是提醒大家，眼睛不能只盯著紛亂，看到一項解決一樣。我們是成人，都擁有一定程度的分析能力與處事經驗，面對生活中的問題，不只要自省，也要整理並類型化各種現象。如果把不好好吃飯、不好好說話、不好好做功課……一個個羅列出來，當成許多各別的問題來處理，再簡單的生活也會因為思路紛雜而更加混亂。

我很謝謝這位父親的提問，他肯把自己的憂慮說出來，就使其他的父母有機會透過他人的經驗，來整理或省視自己生活範疇內的類似問題。

孩子能管理自己的時間是每個父母最懇切的希望，如果時間管理得當，就代表著生活中的平穩與紀律。但是，時間管理是一生穩紮穩打的功課，我覺得父母不應該把自己提升到「支配者」與「監督者」的角度，而應該不斷地為孩子做好示範，並與他們一起學習真正有效的時間管理。

我看過很多母親在孩子放學後放下自己該做的事，只是一心一意監督孩子做功課。為了怕他們搗蛋或不專心，大人擔任的工作類似於警察，專在一旁糾舉沒有按表操課的孩子，或在孩子一寫錯任何答案時，就自動幫他們塗抹錯誤、指示改正，這就是我所謂的「監督者」。而那份用來操課的時間表，基本上也是由身旁的監督

LOVE

者所制訂，所以成人才是真正的「時間支配者」。

我曾經仔細觀察現在的孩子，他們的確不需要思考時間管理的問題，因為各種活動已經將生活都分配好了，趕完這場趕下一場，並沒有真正的自主權。如果在這一場與下一場活動之間有空下來的零散時間，就白白被浪費掉。我並不覺得，這樣的運用方式能引發一個人對於時間的了解與掌握。

從我有記憶以來，媽媽就常常告訴我，她今天要做哪些事、她幾點到幾點要去哪裡、準備完成哪些工作；我因此很早就意識到，成人的生活與時間有著緊密的連結。我不是從被要求而認識時間的存在，而是從看到、聽到來了解利用時間的重要。母親與我同工家事時，也總是告訴我，她「打算」在幾點完成我們要做的哪些工作，「接下來」我們又要一起做什麼；那「打算」就是真實的計畫，那「接下來」就是正確的時間感。

因為母親從不為我決定時間表，但常分享自己的計畫，因此我當母親這些年，也從不為孩子管理她們的時間。我學習父母，不間斷地示範自己努力想做好時間管理的身教。每當我分享完自己一天的工作計畫，我會問孩子，她們自己一天的計畫又是什麼？仔細聆聽之後，我或許會給一些建議或鼓勵，也或許彼此約定努力後有個小小的歡聚，然後，我們就分頭工作了，誰也不必監督誰。因為我們都知道，自己的時間要由自己好好管理，那是生命中最重要的財產。

您也許要問，小小孩適合這樣做嗎？我可以與您分享，這方式是非常適合也十分有效的；我的孩子從兩、三歲開始，到如今二十三歲，一直都是我在時間管理學習上最好的伙伴。

在小廚師活動中，我又從幾百個小朋友身上印證了「來，我們一起來做……」是最不容易引起反感的柔性督促，也讓工作的進度隨著同心與協力而有理想的進展。不只是被點名邀約的孩子，每次只要聽我這樣說，立刻會有其他孩子問：「那我做什麼呢？」我當然不能忽略他們想要積極參與的心情，以及因邀約而引發的工作契機，立刻找出分工的項目讓大家各自定位。

「來！我們來……」代表的是我與你在一起，

也可以是「你來做什麼，我來做什麼」的分工示範；

這當中有各自努力、彼此鼓勵的意味，

也有時間管理的認識以及已經採取行動並掌握進度的感受。

「來，我們來……」是一種同舟共濟的感覺，是成人以行動對孩子訴說從「家」開始，直到「社會」都需要的合作共存。

如果您曾親眼見過小廚師的工作力，就不會否認，與其要督促孩子做這個、做那個，不如邀請他們一起來工作。你可以考慮把「來，我們來……」當成是你與孩子要成為一生美好工作伙伴的揭幕語。

◆ 我從幾百位小廚師的身上印證了「來，我們來……」是最不容易引起反感的柔性督促，也讓工作的進度隨著同心與協力而有理想的進展。

好好回應

好好回應是人與人之間最基本的禮貌，
往來的話語使我們感受到人際有溫暖和諧的氣氛。
從對孩子誠懇說話做起、從願意專心聆聽做起；
讓孩子們從小習慣，好好回應是美妙溝通的第一步。

小的時候，母親對我們最嚴格的教導有兩項。一是「素直」，要我們以單純的心接受讚美或指正；二是「回應」，無論情緒好壞，總要態度良好、語言誠懇地回答他人的言語或詢問。

對於第一項，我並沒有被學校老師如此要求的印象，但關於第二項「回應」這件事，卻明確記憶每個老師都不輕忽這項生活態度的指導。所以，在我的想法中，回應無關乎羞怯的問題，而是一種基本禮貌——父母與師長都透過教育，在幫助孩子慢慢成形應有的社會禮儀。

我所帶領的幾百個小廚師中，第一次見面就能自然回應、有問有答的孩子，比例上佔不到一成；我給他們的評語是「態度良好但問而不答」。起先我有點訝異，但慢慢有了深度的心理準備之後，就比較能適應這種情形。只是，了解並不能放下想要提醒或教導的心情，所以，我想跟所有的大人分享：我們是不是該重拾舊教養的堅持，幫助孩子學習「好好問答」這項基本禮儀。

在小廚師的活動中，如果是低年級的小朋友問而不答，我會推想他們可能是一下子被工作場景與緊張心情震嚇住了，所以，我會找機會把集體談話化為單獨的問答，讓回應的需要與範圍都縮小，孩子通常就比較願意開口。我也發現，有些小小孩很可愛，只要能低聲與他們一對一談話，他們都可以給我很好的回應。他們之前的反應的確是害羞，經過幫助與適應，就可以應對自如。

讓我感覺困擾的其實是高年級的大孩子。大概有五、六次這樣的經驗，當我說話沒有得到任何回應時，我跟孩子說明為什麼我很需要他們用語言好好回應的兩個原因：

一、我們是一個合作的團隊，好好的回應代表你已經了解這項同心的工作正在進行，所以能給隊員一份鼓勵。否則在一個彼此不理不睬的工作團隊中，士氣怎麼會高昂？

二、廚房有各種聲響，因為工作緊湊，大家得分頭各忙各的，無法以表情傳遞訊息。如果要求支援的話語沒有得到明確回應，其他人就一定要放下手中的工作，面對面重新確認一次才能安心，這是非常浪費時間的工作方式。好比說，我正在水槽邊洗東西，想到爐台上的湯正在滾，要請一個在爐台邊工作的伙伴幫我把火關小

◆在團隊的合作中，回答代表的是你了解這項同心的工作正在進行，所以能給隊員一份鼓勵。

一點，如果我沒有得到她出聲的回應，就得跑到她的面前去確定她是否聽到了，或直接去關火。無論哪一種都是無謂的浪費。

事實上，不能好好回應的這種浪費，我也時常在親子相處中看見。如果在公共場合稍加注意，就能看到一個母親對孩子說話，孩子並沒有任何回應，直到母親把同一句話說到分貝奇高、怒氣十足，聽起來就像立刻會動手打人了，才聽見孩子開口答話或以動作回應。

但也不是只有大人對孩子才如此。我更常看見，父母親讀著自己的報章雜誌，孩子跟他們說話時，埋首其間的大人眼皮連抬都沒有抬一下。因為當過父母，我並不相信這是沒有聽到而產生的反應，我認為這是大人選擇了不想回答。於是在長遠的影響之下，有一天，當大家發現多數的孩子竟都問而不答時，我們就再也分不清什麼是因、什麼是果了。

有一次我去演講，面對聽眾席的桌面上沒有電腦，而螢幕在我身後，所以我必須不斷回頭才能同時看到我的投影內容；更糟的是，我也沒有滑鼠，所以不能自己更換投影片。於是，我從講台向正後方詢問：「請問我可以有個無線滑鼠嗎？」當時有四、五位老師站在面對我的遠方，但是沒有一個人給我具體的回話。我又問了一次，奇怪的是，現場還是一片安靜，讓我不知該如何是好。我只好再度說明：「如果不能自己更換影片，我很難往下講，可不可以請誰回答我一下，我可以有無

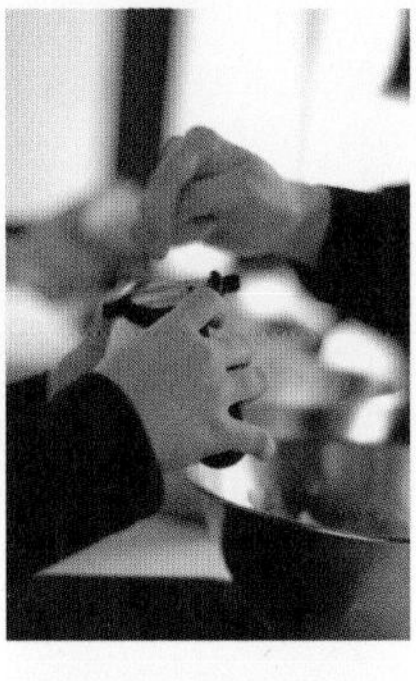

線滑鼠嗎?」在持續的沈默中,我只好開玩笑說:「如果沒有人給我答案,那我要回家了喔!」

之後,我看到一位老師從走道那兒拿著滑鼠向我走來。也許,在我詢問的四次當中,幾位老師也並非沒有行動,但是,大家可想過,一聲明確的回應,對於站在講台上的我來說,有多重要?

不過,那天對我最大的衝擊其實是身教的反思。我至今還沒弄清楚,「問而不答」這樣的事,怎麼可能發生在一個非常有教育主張的學校中?

好好回應是人與人之間最基本的禮貌,往來的話語使我們感受到人際有溫暖和諧的氣氛,在家庭與工作職場,好的回應更增加許多效率。所以,雖然在一天的活動中,我也許無法立刻改變孩子的回應習慣,但希望透過這份觀察,身為大人的我們能彼此提醒,如果看到孩子有類似的問題,一定要給予協助,仔細說明回應的重要以及如何回應的方法。

從對孩子誠懇說話做起、從願意專心聆聽做起;讓孩子們從小習慣,好好回應是美妙溝通的第一步。

◆小小孩很可愛，只要能低聲與他們一對一談話，經過幫助與適應，他們就可以應對自如。

好玩

孩子是天生的遊戲家，他們又精力旺盛、好奇好動。
如果不以孩子為中心，全心全意地關注他們的身心安置，
一場活動很難辦得好。無數的經驗使我相信，
只要能使孩子專注下來的工作，對他們來說都很好玩。

我從小就是個外表很靜的孩子，因此在成長過程中，除了父母之外的大人，都習慣為我貼上「不愛玩」或「不會玩」的標籤。這標籤說明大人對孩子的了解常常是不盡然、不透徹的，因為，在成人的世界中，連「玩」這件事都有個呆板的定義。

我知道自己非常懂得遊戲的樂趣，只是不愛長時間的喧鬧或不愛在他人的注視下加入某些活動。但「好玩」時，人所能達到情感的飽和與一種無法細訴的滿足、安定，我即使在一個人的遊戲中也能體會。歡鬧或許會在事後讓孩子有唯恐失去的落寞，但好玩的味道一旦嚐過之後，便常存腦中。

這幾年，我常常有機會看到各種各樣與孩子相關的活動，有時候，連我自己都不相信那些安排對孩子來說是夠好玩的。於是，如果有單位邀約我去主辦活動時，

我會提出自己的一份小小要求：為孩子安排的活動，就要以孩子為主；不要打著孩子的名號，大人自己行社交之實。

孩子是天生的遊戲家，他們又精力旺盛、好奇好動。如果不以孩子為中心，全心全意地關注他們的身心安置，一場活動很難辦得好。我覺得技巧不是最重要的，誠懇才是最不可或缺的基本心意。所以，在設計小廚師的菜單時，我想的並不是工作對孩子來說夠不夠簡單之類的問題；我只是把自己喚回童年，在心裡問自己：「這些工作會使小一到小六的孩子感到興奮嗎？」

無數的經驗使我相信，只要能使孩子專注下來的工作，對他們來說都很好玩。記得一次有位小朋友被分派到小米粉身邊去做沙拉，她很失望，因為在家裡曾經下過廚、煮過飯，她一心以為當天自己要在廚房中大展身手。儘管失望，但工作很快就把她帶離負面的情緒，上了更熱情、必須專心的軌道。忙完之後，她對小米粉吐露心聲說：「其實，我覺得做沙拉和甜點是最好玩的，因為可以自己設計。」

事實上，如果當天這位小朋友是被分派做主菜，我相信她最終的結論也會一模一樣；她一定會覺得自己手中那份工作是最好玩的，因為她曾為它付出全心全意。

小學時，我因為兄姐都外出求學，生活中沒有玩伴，所以得自己研發出好多遊戲。起先，我會因為孤獨寂寞而哭，但慢慢找出遊戲的方法之後，專心於工作就使我忘記想念或孤單的感覺。每一種情緒都一樣，當它困擾我們的時候是甩不開的，但是可以用替換的方式吸引自己離開不喜歡的境地。新的專注會使我們感到好玩，而滿足彌補了勞累的感覺。

有幾次我看到低年級的小朋友，因為好幾個小時的工作而拖著疲憊的步伐，我忍不住低身探問：「你會不會很累？」我還沒有一次得到一個不耐煩的神情或一份抱怨的語氣。他們總說：「不會啊！很好玩。」累，我想是一定的，畢竟在孩子的生活中，一口氣緊張地工作好幾個小時的經驗並不常有，但「好玩」也真是全心工作後的肺腑之言。

對於在幫孩子辨活動時應全心關注孩子，我就是想要以大人的力量與身教，來幫助孩子領略專注的意義。

記得小時候，母親曾在工作的百忙中答應為我的洋娃娃做一套衣服。在一個雨後的下午，母親與我坐在父親的書房中，裁縫車就停在書房右側臨窗的一角。我坐在榻榻米上，依母親的指示幫忙剪她已經畫好的紙樣，媽媽就坐在裁縫車前一邊車縫、一邊教我。有些工作對當時小學四年級的我來說也許還太難，但母親並不刻意避掉那些部分，即使我還無法做，她仍講解給我聽。

幾十年後，就在數個月前，當我在京都參觀日本的傳統織品展覽時，我一看到縮緬與各種布的染法，馬上想起十歲出頭時聆聽母親耐心講解布是如何縫出美好皺褶的話語。當時，對我來說最好玩、也最美的，莫過於母親口中她的少女時代，以

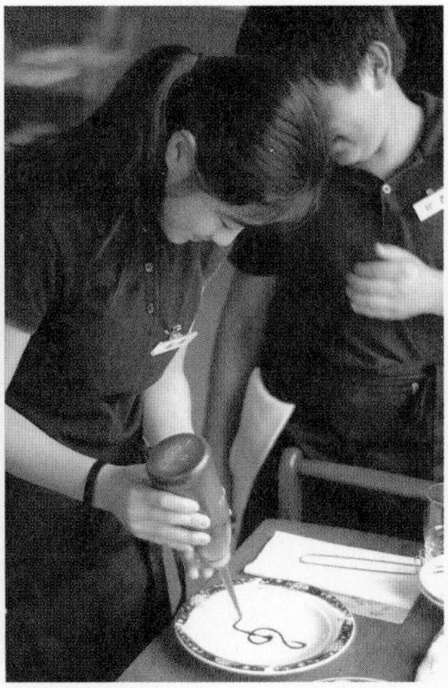

◆每個孩子都會覺得自己手中那份工作是最好玩的，因為他們曾為它付出全心全意。

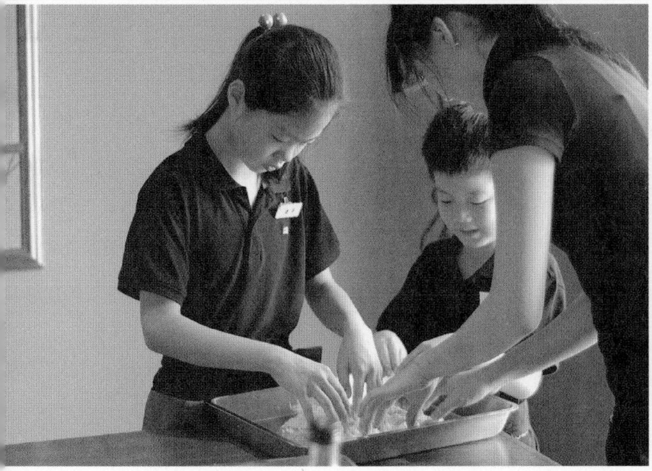

及端坐在裁縫車前，願意親手與我編織娃娃夢的一個好大人。

只要我們真心關注孩子，就不難找出安頓他們的方法。

有一次，在小廚師活動結束前，我很想跟他們的父母報告幾件事。當我走向後區大桌的時候，我看到孩子們個個都想跟，還來不及思考該怎麼辦，我就看到小女兒Pony對著小朋友輕聲一喚，她自己先蹲了下來，好像有個秘密要告訴他們一般，於是所有的孩子都被吸引了，也全蹲下身，環繞在Pony身邊。她開始跟小廚師低聲講一則他們必須非常、非常專注才聽得到的故事，這讓我有一小段完整的時間能好好與父母溝通，我的任務完成而孩子也沒有受到冷落。

我想，這就是好玩！一顆心與另一顆心全然的相對，或一個人與一件事完全的交疊。沒有一定的形式、沒有一定的氛圍；但它帶來一種比熱鬧更持久的情緒與記憶，讓我們感到充實、難以忘記。

◆一顆心與另一顆心全然的相對，或一個人與一件事完全的交疊，這就是好玩！
沒有一定的形式與氛圍，但它帶來更持久的情緒與記憶，讓我們感到充實、難以忘記。

小老師，好架勢

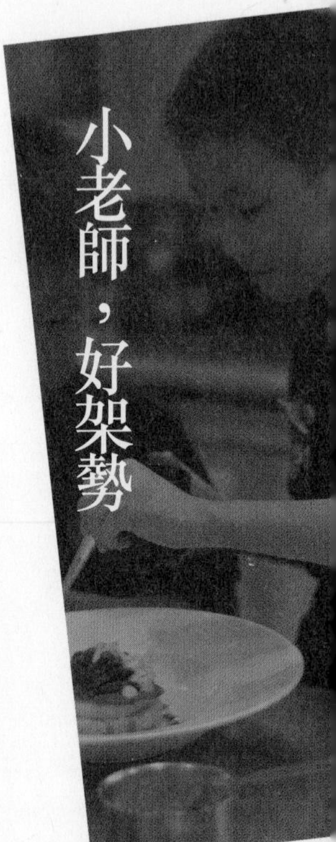

誰都不能否認，自己要真的懂得了才能教別人，
「可以教」是「學會了」的多面檢視。
我們不用凡事透過考試來測驗孩子的懂不懂，
給他機會去傳授所學，是非常溫和實際的檢視。

成人因為生活經驗比較豐富，可以長時間以討論的方式來進行學習，但我覺得孩子不一樣。我常常看到大人在教孩子做一件工作時，嘴上講個不停，手就是不肯放開交棒，這情景雖然有趣，但自己卻因為置身其中而看不清楚。

有一次我去新竹帶一場親子實作，有個小學四年級的小女生很想幫我忙，我知道她夠大了，所以把手上用完的打蛋器請孩子幫我捲好收起。有個大人就站在我跟孩子中間，她從我手中接過了打蛋器，我以為只是要幫忙遞送給小女孩，沒想到她一邊問孩子：「妳知道要怎麼收嗎？」一邊已經把線都緊緊纏在打蛋器上了。事實是，這一來一回當中，我們好像在教一個孩子，她卻什麼也沒做到。我開始思考：給機會不是口頭說說或心中想想的事，不交出工作就永遠不算。我要自己在心裡謹記這一幕。

為了督促自己在帶領上能給孩子足夠的機會，我採行任命「小老師」的教學方法。那就是每一個工作站，我們只直接教一個孩子，他一學會，馬上任命他當下一個待學者的小老師。一年多來的實驗，我覺得這個方式有許多好處。

一、打破年齡的迷思。不一定每件工作都由大的教小的，而是已經學會的教不會的人，所以，很可能在某一個工作站，一個小一的孩子會擔任另一個小六孩子的小老師。就彼此的認同與工作機會均等的思考來說，這方法非常自然也極有幫助，讓我想到韓愈的「聞道有先後，術業有專攻」。事實上，突破年齡的尊重與合作，對完成工作目標有很大的幫助。否則，大孩子或許會在無意識中搶去小小孩的許多機會，一如我們大人始終難以放手的原因，絕無惡意，但剝奪卻是事實。我認為時常抱怨手足爭吵的家庭，應該也試試這種更公平的方法。

二、被任命的小老師開始教下一個小朋友時，我從他的教學中可以了解他剛剛學會的事是否完全正確。誰都不能否認，自己要真的懂得了才能教別人，「可以教」是「學會了」的多面檢視。我們不用凡事透過考試來測驗孩子的懂不懂，給他機會去傳授所學，是非常溫和實際的檢視。孩子們也不用在同一份工作中比高比低，他們知道，要把自己的東西學好，因為等會兒得當小老師，教給下一個伙伴呢！

三、教學中有動作的示範，也有語言的陳述，是多層次的學習回吐。我一向很重視孩子的表達能力，他們在教學中，方法夠清楚嗎？用詞夠精確嗎？當我用心地在一旁聽他如何教自己的學生時，我也有機會可以加入討論，提點這些想法。

對小廚師的教學，我要求自己與工作人員盡量縮短口頭上的叮嚀與教誨，我一心想避免的是讓孩子感到「囉嗦」的負擔與不耐。如果不動手去做，再多的耳提面命也無法使他們體會要領，不如一邊做，再適時從遇到的問題中給予建議。

在一年多來的放手實驗中，我徹底懂得了為什麼大家那麼難以邁開任命授權的第一步。主要的關鍵在於：我們對於放手和不放手所各自必須付出的代價，並未認真去思考。然而，這思考是如此的重要。停在教卻不給予做的機會，無意中耗費掉許多不該付出的資源。

以小廚師為例，當孩子把蒸蛋的汁液都按比例打好、過濾之後，他們得先分倒到湯杯裡再送進蒸爐去，給不給他們自己倒，還是我們來幫他們倒？我主張讓他們倒，否則孩子只嚐到工作的一小角，既不完整也不過癮。那萬一打翻了怎麼辦？最糟也就是整理托盤、重補材料。一想清楚，就覺得實在不值得為了「避免萬一」而處處剝奪「可能的機會」。

萬一真的打翻了，那表示孩子的掌握力度還不夠，不能用比較省事的傾倒法，而應該換成小一點的容器，讓他們改用接駁式的舀取填裝。這些觀察對教學者是非常有意義的，不經過做的過程、錯的處境，更好、更正確的引導不會集結成經驗。

一年五個月過去了，好幾百個小廚師曾進出我們的廚房與客席之間，盡量提供

◆每一個工作站，我們只直接教一個孩子，學會了就當小老師，逐步傳習。

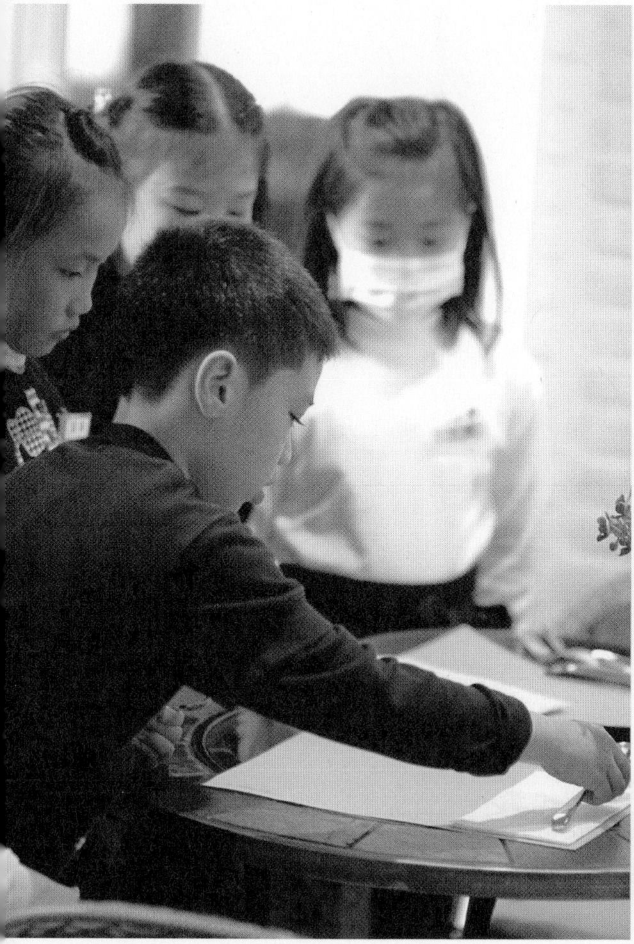

◆小老師也忍不住對自己的弟子豎起大拇指。

◆教學中有動作的示範，也有語言的陳述，是多層次的學習回吐。

◆小老師在一旁觀看自己所教的工作是不是已順利接棒。

孩子操作的機會出現過什麼損失或一時的忙亂嗎？有，我們總共打破過兩個盤子，然而這比我們以餐廳形式營業時少了很多。那次是因為在洗碗途中手套滑，盤子太重而從孩子的手中溜出掉下水槽的。這讓我知道要注意一個重點，因為市面上實在買不到小小孩的手套，所以，真的手太小的孩子，我們就請他們收取洗碗機出籠的乾淨碗盤，做餐具歸位的工作；萬一孩子堅持想嚐試洗碗（對孩子來說，水也有一種魅力），那就絕不能戴手套才夠安全。

我喜歡聽小老師信心十足地教他自己的小徒弟，常常在悉心的聆聽中覺得甘拜下風。他們學得既快，用的語詞有時候比我還專業，方法也更聰明。比如，教計時器的設定時，我說的是「清除」，有位小老師傳授下去時，則告訴他的學生是「歸零」，我忍不住問他幾年級，他對我比比「四」。

在爐台的煙霧迷離中，我想起《論語．子罕篇》孔子的感嘆：「後生可畏，焉知來者之不如今也！」我真想對他們說：「好孩子！追上來吧。」我們會做更好的大人，幫助你們培養實力、把棒子交給你們。我們要培養自己，更有作為，用努力贏得你們真心的尊敬；我們也會在進取中，真心欣賞你們的好架勢。

啟動思考的能力

我們一向以為問題非得困難，思考才能深刻，
因此很少從日常小事來掌握給予訓練的機會。
每個孩子都有敏銳的觀察力，好奇是他們的天性，
開啟孩子對工作的思考，我的帶領就立刻嚐到事半功倍的好滋味。

發明電話的聾啞教育家貝爾先生對於學習有一份非常值得參考的研究。他認為如果要有效地處理學習，應當有三個步驟：觀察、記憶、比較。而一個人如果心領神會這個過程的意義，就擁有自學的能力。

我曾在一篇專欄提到過去的十二年中，自己對於孩子在中西兩種教育穿梭來回的經驗：

在台灣，我們的教育一開始便偏重於記憶的訓練，參考書的蓬勃是大人幫孩子處理學習三部曲的第一部最明顯的例子，於是學童的工作是記憶他人為他們整理出來的重點。學習的成效當然很快就被看到了，因為檢驗知識的吸收，最方便省事的方法多半是靠記憶量的審查。如果以同齡的孩子來說，台灣學童的知識的確比外國的小孩要豐富，但這樣的教育也有營養不良的一面，當觀察力長期偏廢後，主動思

考的能力與統籌整理資料的習慣就相對弱化了。

如果能珍惜記憶訓練的好處，但也不忘記思考的重要，經歷過兩種訓練並重的孩子，通常在學習上會有更優異的表現。在中西不同教育的體系裡，我都見過這樣的孩子，區分點並不在地理，而是被培養者身處什麼樣的環境。教育思維的周延性對成長觀察提供了更足夠的反省力。

每個孩子天生都有敏銳的觀察力，好奇是他們的天性，如果能順利啟動天生的能力，教學者就節省下好多力氣。可惜的是，我們在帶領孩子的時候，常常失去這份應有的互動觀察，寧願不顧一切地說個不停。

小廚師無論大小，只要開始工作，我們都期待他們養成隨手清理檯面、地板與歸位工具的習慣。餐廳裡有各種各樣的工具與餐具，我們店內的整齊原則是「物歸原位」。

如果要一一跟小朋友說，湯匙放這裡、打蛋器放那裡，光是這些交代的話不知道要費多少唇舌；最重要的是，小朋友在一時之間記憶這麼多的交代實在很累，這個認知途徑也因此而顯得非常刻板。我有一個更簡便有效的方法，屢試不爽。

當我從洗碗機拖出一大籠熱騰騰的碗盤工具待涼時，我會利用時間跟孩子們解釋——每個工具都有一個「家」——這是歸位的概念。我要他們把廚房走一圈，先去認識每種餐具的家大概在哪裡。比如說，大工作檯下面整整齊齊地擺著好幾落

◆帶孩子永遠都是一步一步來，要讓他們有足夠的時間消化，也需要給自己解決問題的機會。

的盤子，黑的、白的、圓的、長方型的都有，爐台的下面有各種各樣的不鏽鋼鍋，全都依大小排列。洗碗機的下方是二十幾個套在一起的圓盆，而烤箱的上方有兩大疊烤盤，吧台區的杯子又是怎麼安排。所有的器物都讓孩子自己親眼去看、去認，這比我們喋喋不休的介紹更為有用。

講完「每個工具都有自己的家」這個守則之後，我就順道一提，我對整齊的看法。比如說：

所有的盆與鍋具如果都由大而小排列，就可以節省不少空間，而且顯得整齊許多。刀叉這些餐具為什麼要分類隔開，是因為拿的時候更方便、更節省時間，而不用從一堆混雜中去挑撿。

一端大一端小的工具，如果同放在一起時能頭尾交錯，也會節省空間。

講完這些簡單的要領之後，我幫孩子把洗碗籃中的餐具先分類都疊好，他們拿了其中一種，便開始認真地去找那餐具的家。

心裡大概都記得了我先前的介紹，我看他們個個都找得好認真，沒有人多問一句話，或拿著餐具便宜行事地問道，這個放哪裡？

這個時候不問是好現象，他們沒有依賴我的心情，而且已經在運用自己的觀察與思考來解決手上的問題了。我特別注意著孩子的神情，幾乎每個孩子都一樣，只要一為餐具找到自己的家，一抹開心、小小的成就感立刻浮現臉上，然後又熱切地轉身走向洗碗機，要去為下一份餐具尋找新定位。

記得有一次，一個體型特別小的小一生跟姐姐一起來參加小廚師，姐姐是六年級。這樣的年齡差最顯而易見的是，小小朋友難免在做事時因為失去信心而害羞逃避，我決定交給他一件能使他專心、而且是他的體能可以完美成就的工作。

他也非常想像其他大哥哥大姐姐一樣，一次拿一大疊盤子，但盤子太重他實在拿不動。所以，我把一大盤餐具分類盒交給他，請他把盒中的六種餐具，大小刀叉湯匙都重新排列過。這份任務使他非常開心，而他的全力工作果然使那一整個分類盒看起來格外有品質。

帶孩子永遠都是一步一步來，該走時不要跳、該跑時不要停；一方面要讓他們有足夠的時間消化，另一方面也需要給自己解決問題的機會。

當小廚師們已經了解我的定位意思，下一個步驟我就交出那一整籠的餐具。我甚至不用多說任何一句話，孩子們在接手時，已從我們先前討論的定位規則與看到我如何工作的方式中了解，同類的器物要先堆累起來再歸位才會快，而不是拿到一個放一個。

雖然我們並不多強調那些專業名詞，但這的確是非常實用的工作效率學習與演練。像這樣的工作，父母平日在家都可以請孩子幫忙，甚至大掃除的時候，就把整個櫥櫃的東西都清出來，請他們規劃並重新排列。

我們一向把思考的訓練看得太難，以為問題非得困難，思考才能深刻，因此很少從日常小事來掌握給予訓練的機會。我現在越來越懂得，為什麼我們會用「路」來連結「思」。想法的確是一條途徑、一種習慣，引我到不同的境地，成就我們對所有事情的看法與選擇。

在小廚師的活動中，一旦開啟孩子對於工作的思考，我的帶領就立刻嚐到事半功倍的好滋味。更重要的是，不愛被別人耳提面命的我，才可以真的做到不囉嗦孩子的反求諸己。

◆帶領孩子，重要的不是耳提面命，而是啟動觀察與思考的能力。

自信的本質

成就感很重要，但成就感不是禮物，無法用給的。迷思中，我們認為透過口中不停說著的「你好棒！」，就會變出自信來，但是，誰能跨越能力建立的穩紮穩打，直接用讚美搭建出信心的基礎？

很多人看到我很溫和，總以此推論我是常常讚美孩子的大人。我的確喜歡讚美孩子，卻從不憑空只說「好棒！好棒！」，如果我想出口稱讚一個孩子，一定會說出他為什麼受我欣賞的具體事實或行為。

讚美如果不經過嚴謹的思考，便會成為一種工具，變得空洞。迷思中，我們認為透過口中不停說著的「你好棒！」，就會變出自信來，但是，誰能跨越能力建立的穩紮穩打，直接用讚美搭建出信心的基礎？平心靜氣問問自己，我們對自己之所以產生信心，不都是因為真確認識了能力的所在？無論那能力是大是小，都是有過具體的感受而知道自己是不差的，那種自覺才會讓人安心。

我覺得成人並不需要急著把讚美掛在口中。有比讚美更重要的事，是不要隨便詆毀、批評、強硬插手，或以善意與心急搶奪任何學習的機會。

在小廚師的活動中，我曾經多次看過某些孩子有一般人視為「沒有自信」的表現，但是，我總提醒自己，不要輕易把這些標籤貼在他們身上。我的工作是集中心力看顧孩子、認真地觀察有沒有幫得上忙的地方？我一定要找尋並落實那些看起來微不足道，但可以穩固「能力」的引領。

比如，有個小朋友在削秋葵，才做了兩三下，就把東西一丟，意興闌珊地向我宣告：「我不想做了！」這個時候，如果我說：「不！你好棒！再做一下。」這的確是讚美也是鼓勵，但是對他來說卻不見得有用，如果他還是不想繼續，下一步我又該說什麼？

我看到他的問題了，那削刀，他不大會用，握的方法可能不夠穩，動起來不順手，所以削出來的秋葵，跟旁邊的小朋友一比就顯得差多了。他自己看到、也感覺到其中美醜的差別。手中那秋葵醜醜的，但就是不知道怎麼樣才能削到跟別人一樣美。索性不要做，是孩子小小心中常有的辦法，尤其是經常被批評比較的孩子，如果能躲得掉，他們就會試著躲。

我能幫他什麼呢？既不是說：「沒關係，你削得真好。」也不是昧著事實硬說，這已經夠漂亮了。他心中顯然有個希望，而我或許有更好的方法幫他。所以，我走過去拿起他的削刀，仔細跟他研究，要怎麼使用會更靈活。他握太緊了，力量反而被控制住，我重新教他，慢慢把一個秋葵豆莢削得非常整齊漂亮。我握著他的手先做兩次，再看他自己又做了兩次，可以了！這下孩子自己都感到非常滿意，那一刻，我們常掛在口中的「自信」在他心中落地了。接著他又削了滿滿一小鋼盆，削完還問我：「還有嗎？我還想削。」

從「不要」到「欲罷不能」，孩子順利地安頓了自己的心情，這中間並沒有任何一句讚美，但的確有一些具體的幫助，這就是我想說的「建立能力的引領」。

成就感很重要，但成就感不是禮物，無法用給的。成就感，是透過能力來完成的過程，並不只是他人看到結果後給予讚美而產生的喜悅。在逐步完成之中，心裡也會產生踏實的感覺，那種踏實就是信心的本質。而孩子需要一次次藉著與大人同工，來認識、領會這樣的感受。

我喜歡我的小廚師們習慣在人前做事，因為，只有不隨意受批評的孩子才能自在地在別人注視下完成一份工作。也許我們喜歡把這種自在稱為大方，另一種不能的孩子就稱為害羞，但是，如果有適當的環境、有懂得接受與包容的氛圍，每一個孩子其實都能自然地在人前做事。

當身邊的大人總是強勢指導或隨意批評時，孩子們會想要躲躲閃閃，恨不得關在密室裡把事情做好再呈現成果，免得被七嘴八舌指正或平白得來一頓罵。難道只有孩子是這樣嗎，我們不也一樣？設身處地來想，如果我們身在一個非常和諧的環境，就算工作無法一下子上手，也不擔心有人隨意批評；萬一哪裡做錯了，只要真

◆如果有適當的環境、有懂得接受與包容的氛圍，每一個孩子都能自然地在人前做事。

心說聲對不起，也就好了。這就是我想給小廚師們的工作環境。

為了讓孩子集中心力，用專心來克服被觀察的擔心，我把每道菜都設計得稍為複雜。我並不擔心孩子的能力不夠，他們能做多難，關鍵常在於我們願意給多少機會。如果步驟繁複一些，他們會因為需要更加專注工作而忘了被看的緊張與尷尬，一旦完成時，才發現自己是在人前把工作一一做完。而且做出那麼好看的作品，心下的得意與滿足，把那些大人老掛在嘴邊的害羞、膽怯、自信的問題，都遠遠地踢到一邊了。美好的經驗告訴他，只要完全專心，目標是把工作做好，那麼在別人面前做事，就一點都不可怕。

是啊！當這麼美好的工作成果出現在眼前的時候，讚美根本是不經思索就一定會脫口而出的話語。那一刻，我們深切明白了，為什麼除了「讚美」之外，還有所謂「由衷的讚美」；發自內心的稱讚，原是受事實啟發而不得不有的自然反應。你不是為了加強一個人的信心而刻意開口，你也不會只想說「好棒！好棒！」。因為那刻紋細密有致的蘑菇在他們的小手下，幻化成聖巴索大教堂的屋頂，一大隻去骨雞腿捲起來，被小小賢淑的十個指尖穿針引線般綁成了好看的湖南粽型；那些具體的巧妙逃不過你的眼睛，於是你絕對不會無話可說，而只是空洞地以「好棒！好棒！」來表明你衷心、全然的欣賞與讚意。

◆逐步完成工作，心裡會產生踏實的感覺，這就是信心的本質。

責備與安慰之間

如果能更靜下心觀察受到責備或安慰的孩子，
了解他們的心情不一定如我們所設想，
才能更清楚地幫助他們看到：
人生並非做錯就不可原諒，也非做什麼都沒關係的過程。

小廚師的工作過程裡，孩子當然會有出錯的時候。在責備與安慰這兩種態度之間，我選擇學習如何跟孩子用更快速的方法，來解決已經造成的問題，把心神轉移到面對問題，而不是彼此的情緒相對。誰的錯，並不需要在當刻討論，如果能挽救後果，相信孩子的驚慌之心與恐懼或罪惡感，都會以更和善積極的方式被緩解。

我們都曾經年幼過，對於大人是否真的生氣是十分敏感的，不見得一句「沒關係」就真正被釋放。如果大人臉上的表情冰冷，只是口中說「沒關係！」，即使是三歲小孩也能感受到，這聲「沒關係」可不是真的沒關係。

如何使自覺犯錯或愧疚的人感到自在，我從溫和卻不善言辭的父親身上學過一次很好的經驗，從此用來對待孩子，覺得既簡單又誠懇。

爸媽總是分工做早餐，平常咖啡都是由爸爸泡的，他熟悉家裡每個人的口味，慢工出細活地做出充滿樂趣並讓他自己引以為傲的咖啡。那個早上，母親很忙，我覺得她有些心慌意亂，謝飯禱告之後，母親手一撥，不小心把自己那杯冰咖啡打翻了，頓時，一家人立刻起身拿抹布，分頭搶救桌面與地板。七十幾歲的媽媽一疊聲地不斷低語著抱歉，語聲中有很深的自責與難過，那時，我聽到爸爸說了一句話：「啊！不這樣就沒有機會再為妳泡一杯咖啡，我再來弄一杯更好喝的。」然後，他立刻轉身回便餐檯，動手調製媽媽的另一杯咖啡。

通常，大人面對小孩犯錯的現場，總不外有幾種反應。

一是責罵聲不斷，或勸誡「下一次要更小心」的方法連珠炮似地傾巢而出。

再不就是表面看似平靜，但隱隱有肅殺之意；大家都知道誰在生氣，沉默中，令人不安的氣氛意在言外。

當然，這幾年專家鼓勵要細心呵護童心，於是大為流行的另一種情況是：「沒關係！沒關係！」原本小小的狀況，因為父母過度的保護，而弄得讓人緊張萬分，實際的問題並沒有處理，第一要務卻是保護他們認為已經受傷的心靈。

我的小廚師當然也有把工作「搞砸」的時候，這些狀況對帶領的伙伴們，都非常有意義。

有一次，小朋友在做蛋包飯的時候把蛋皮翻破了，當時因為等著送菜的小朋友

在催促，後面點單也大排長龍，我立刻聽到孩子著急地輕跺著腳說：「怎麼辦？破了、破了，來不及了。」我花了不到一分鐘跟他解釋，蛋皮雖然破了，但飯還是可以用。說的同時，我立刻把另一只小鍋交給他，要他熱鍋準備煎一個新蛋皮，我會負責幫他整理盤中的飯。

他聽完後，好可愛地拍拍胸脯，像是在說：「好險！好險！」幾秒之間，我們立刻從慌張中重新集中精神，來應付眼前的難題。雖然，我本可立刻接手，幫他重新煎一個蛋皮，但是，我覺得讓孩子完整地了解處理的方法並親自整頓，是更好的選擇。這其中也不過是相差幾分鐘的說明與重做，卻是非常值得的幾分鐘。

另一次，有位小朋友在我的請託下要把十顆蛋的蛋白與蛋黃分開。我看到他有些遲疑，感覺上似乎是因為從來沒有打過蛋，而擔心不能把蛋白與蛋黃分開。

一年級的小男生真的年紀還小，我只同理地想了一下便完全能了解他的擔心。但這個時候，如果單是為他喊話加油，說：「你能，你一定能。」這也只像勇氣的催眠一樣，對實務沒有足夠的幫助。所以，我立刻拿了一個碗，先教他如何敲蛋，再建議他一顆一顆分，別像電視中看到的，一打破蛋殼就在兩手之間搖來晃去，以大師般的手法分離蛋白蛋黃。我讓他先把蛋順利打開，倒在一個碗裡，再用湯匙把蛋黃撈出來，這樣可以不緊張地慢慢做。

他先是一敲太用力，於是蛋殼就戳破了蛋黃，我看到之後，跟孩子解釋說，散蛋還是可以煎。我想讓他知道，這些材料並沒有浪費，等會兒大家可以把它吃掉；而如果他敲蛋的時候再輕一點，這份練習其實已經成功在望。也的確，從第四個蛋開始到第十三個蛋之間，每一顆蛋白與蛋黃都在那雙小小手中順利地完整分開了。

我們在生活中會不斷面臨各種小問題、小出錯。該用責備或安慰來因應孩子的處境，就跟管教中的「打」與「不打」一樣，並非是一個需要二選一的問題。陷於兩極端的思考會錯過中間還有很多的應變與選擇。

我們比孩子更成熟的經驗，是用來依情況判斷處理的方法。如果能更靜下心觀察受到責備與安慰的孩子，了解他們的心情不一定如我們所設想，才能更清楚地幫助他們看到：人生並非做錯就不可原諒，也非做什麼都沒關係的過程。

能在責備與安慰之間採取更有效的應變與處理，對孩子的成長才會有真正的幫助。我相信成人帶領孩子面對錯誤的穩靜態度，能慢慢累積成他們將來要引以為參考的判斷根基。

◆當孩子出錯時，讓他們完整地了解處理的方法並親自整頓，是更好的選擇。

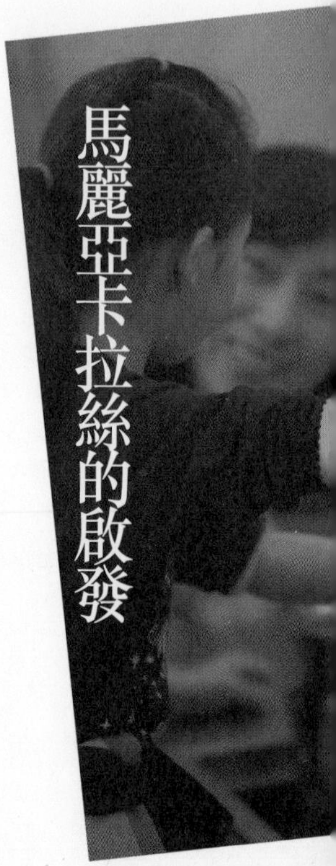

馬麗亞卡拉絲的啟發

如果我們都把語言留給最有用的分享，
而不是用來做耳提面命的反覆告誡，
相信學與教的人都會有更多的空間，
並能從穩靜的思考中找出對自己有益的觸發與分享。

一次小廚師的供餐結束之後，我在討論中跟小廚師的爸爸媽媽談到：「教孩子最重要的事就是謹記『不囉嗦』。」語畢全場哄笑了起來，那笑裡聲中參落交雜許多我們彼此都心知肚明的了解與省思。

「囉嗦」就是對一件事的叮嚀與提醒超過了應有的份量，而且是完全不檢視對方接納的程度，只以自己的感受為認知中心，不停地發出訊息。

我們都非常了解人之所以會「囉嗦」，其實是一種心靈固然願意、也知道要放心，但行為卻軟弱的表現。沒有一個孩童喜歡被囉嗦，但即使是最討厭被嘮叨的孩子，一旦當了父母之後，卻又變成了另一個理所當然囉嗦個不停的父母。到底什麼樣的反省才能轉化成力量呢？我一直想找出更積極的方式，來幫助自己從看似合理的擔心中走出來。

首先，我必須想清楚：「囉嗦」是不合效益的；當我們只顧反覆叮嚀時，其實工作進度常因此中斷或停留原地，而且一定會產生不愉快的干擾。就好比說，當我把一盆番茄交給一個小一的孩子去切的時候，如果我只想到不時地提醒她：「要小心！不要切到自己的手。」「要小心，不要捏爛了！」這工作中的孩子難道就因此更安全嗎？我漸漸懂得，能「放心」不是一種境界，它不是我們想就能做得到的。我們需要藉著具體的改變，使不確定的危險或憂慮得到依託。所以，我應當主動建立可以讓自己放心的介面，把原本可能被孩子認為囉嗦的叮嚀，轉化成更有用的建議。

如果那個握刀的孩子令我擔心他會切到手，我是不是可以把本想不斷出口的叮嚀，改為換一把更合他用的刀具、或調整更理想的工作高度、或再示範更適合他下刀的角度？如果那個孩子看起來像要把番茄捏爛，我應該幫助他把手稍微放鬆一點，並用更清楚的語言解釋，做為沙拉用的番茄，捏爛了就不好看。

反覆同樣的話語通常並不能改變事實，卻一定會使溝通變得沉悶單調。所以，如果把單向的交代變成雙向的問答互動，就可以避免一大部分無謂的囉嗦。避免囉嗦，對我來說最有效的方法就是：聆聽自己的說話。當我習慣仔細聆聽自己說話的內容時，我就知道孩子為什麼不喜歡大人囉嗦了：一而再、再而三地說著同樣一句話，無論誰來聽都是乏味的言談。

每一次小廚師的活動中，總有那麼多小小孩在我身邊動刀、持鍋。一堆危險就圍繞著我們，而工作又必須爭取時間，我怎麼可能不擔心？又要怎麼避免不囉嗦？一旦習慣聽自己說話，最大的改變就是我更懂得「轉換語言」的要訣。當我想脫口而說「小心一點！」的時候，我聽到自己已轉換成另一個問句：「切得還順手嗎？」或「如果刀靠中間一點，應該比較安全？」

我沒有受過任何與教育相關的訓練，對於「教學」的專業知識，可以說是完全的門外漢。在帶小廚師的時候，也許是因為不懂特別的方法，反而只能訴諸行動的信念：我用行動引發參與者的熱情、用誠懇的同工來發現更有效的技術相授，使一起學習的人了解原本陌生的事物。

我常在自己安靜做家事的時刻播放一片CD，這是女高音Maria Callas（馬麗亞卡拉絲）在Juilliard School（茱莉亞音樂學院）大師班的授課錄音。我一次次反覆聽著片中的錄音，心中非常喜歡。她沒有太多的語言指導，學生哪個地方唱得不夠好，有時候什麼都不說，只是自己唱一次示範；或只以一兩句話稍做指點，繼續再唱，師生兩人反覆練習，從中體會精進的意義。

這個世界有各樣的成就者，當他們的故事被分享出來的時候，酬報與聲名的討論常常多過他們如何日積月累來紮實工夫的探討，於是「天份」，成為我們對成功的迷思。儘管愛迪生說：「天才是百分之一的靈感加百分之九十九的血汗。」

◆我很喜歡在一旁專注誠心地看著小小學習者，從實作中累積經驗，在反覆操作中得到信心。

但是，我們還是習慣集中注意力去看待那不成比例的靈感。

聽卡拉絲的上課錄音，使我想起許多令人佩服的成功者。不論這些人的天份有多高，如果沒有一步一步苦練累積，就不會有我們眼中所看到的成就。

Pavarotti（帕華洛帝）的歌劇是一齣一齣學來的；Rubinstein（魯賓斯坦）的曲子是一首一首練成的；Vermeer（維梅爾）的畫是一幅幅修改、苦心研究過透視與光影的；Margot Fonteyn（瑪歌芳婷）的舞步之所以美妙，是因為她不間斷地下過苦功。我記得魯賓斯坦說過：「如果我一天不練琴，自己會聽出來；三天不練琴，鄰居會聽出來；如果一個星期不練琴，那就連聽眾都會知道了。」在感受成就不易之前，能了解工夫是練習累積而有的成果，對於仰望楷模實在是更重要的認識。

帶孩子做事，如果不停地叮嚀「要認真一點」、「做好一點」、「要跟誰看齊」，就容易犯囉嗦；但如果像錄音片中的卡拉絲一樣，在教學中以示範來展現工夫的集成，相信跟著學習的行進者，必有如沐春風的鼓舞。

我很喜歡這樣的教育，在一旁專注誠心地看著小小學習者從實作中累積經驗，在反覆操作中得到信心。如果我們都把語言留給最有用的分享，而不是用來做耳提面命的反覆告誡，相信學與教的人都會有更多的空間，並能從穩靜的思考中找出對自己有益的觸發與分享。

◆我希望用行動引發參與者的熱情。孩子需要與熱情生活、樂在工作的大人一起活動。

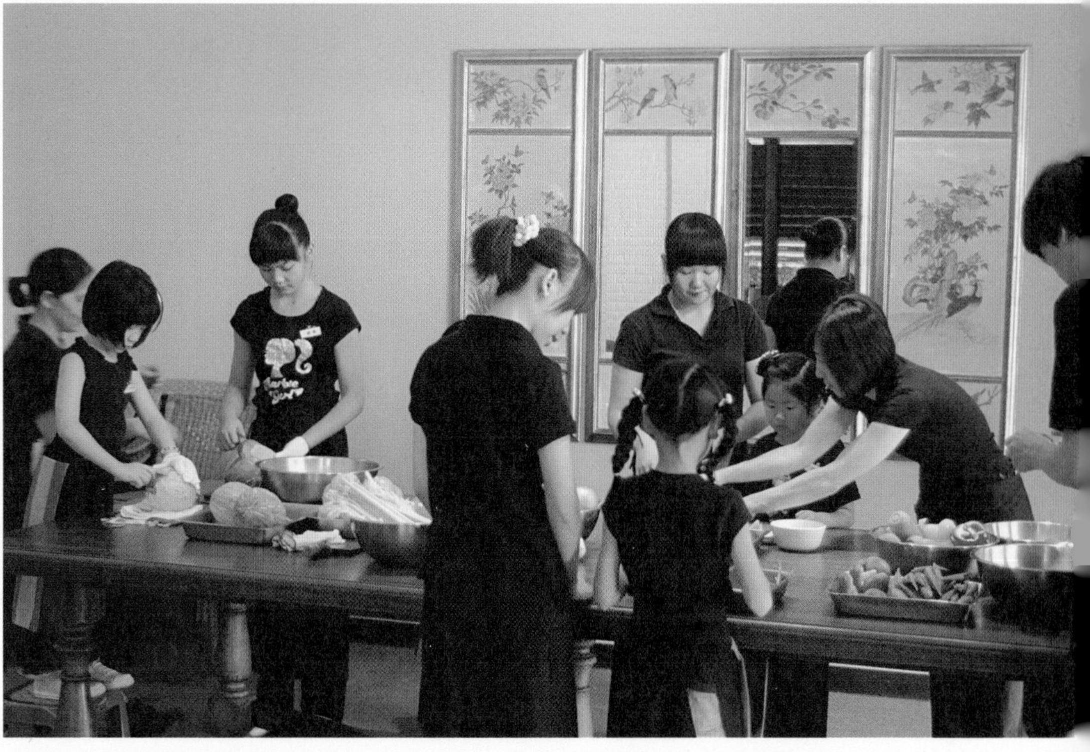

判若兩人

現在的孩子生活供應無缺、有吃有玩，如果父母再剝奪掉他們做家事的機會，以及體認每個人都該對生活有所貢獻的基本認識與訓練，那孩子的問題是會層層擴大的。

很多父母親眼目睹自己的孩子在小廚師活動的工作表現之後，都忍不住給了一個讓人啼笑皆非、卻又有些傳神的評語——判若兩人。

父母們在會後的討論中帶笑投訴質疑道：為什麼在家叫孩子整理或幫忙家務就叫不動，來當小廚師卻這麼能幹又自動自發。這其中有很多原因使父母感到奇怪，如果用最簡單的形容，「判若兩人」的確合適。

使孩子不一樣的原因，有幾個一眼就能看出的條件。

一、這個活動的工作空間是一個正式營業的餐廳，設備與氣氛對孩子來說有如大型家家酒，其中不可置信的興奮與遊戲的真實感當然與在家或教室大有不同。

二、工作的內容因為有時間的限制，所以對孩子來說非常緊張、刺激。雖然我從不強調這個活動的好玩，但會後如果我問孩子累不累？到現在還沒有聽過第二種答案，他們共同的心聲是：「不會累啊！很好玩。」不可否認，玩是人的天性，但「好玩」的事一定有一種飽足人心的必要條件。孩子不一定需要大聲跑叫、恣意而為，才會覺得好玩或快樂，這個活動因為工作的需要而使他們必得專心投入，雖然體能辛苦，但他們也體會到好玩。

以我所設計的實作來說，內容的確是超過一般人對孩子能力的認定。不過，這一年多的經驗印證，我並沒有錯估孩子的能力，他們是能做這麼難的工作，也必須做這麼完整的任務，才會感到滿足。但是在家裡，父母或許會認為某些事「有嚐試」過就好了，真要放手讓孩子一路做去，心裡總有幾層障礙。

那麼，在家裡做家事又可能有什麼狀況呢？

想來，這個笑話大家一定不陌生。

晚飯後，母親和兒子洗碗碟，父親和女兒在客廳看電視。

突然，廚房裡傳來打破碟子的聲響，然後一片沉寂。

女孩望著父親說道：「是媽媽打破的。」

「妳怎麼知道？」

「她沒有罵人。」

雖是笑話，不過應該也可以作為生活中的寫真。很奇妙，大人對於帶孩子做家務，常有許多複雜的思緒，而所引發的感受，即使不同的家庭也常常出現同樣的氛圍與反應。總之，家事教育這件工作，就算是十分認同它的價值與意義的父母，也很少在生活中徹底執行。

父母對帶領孩子做家事的心理障礙，歸納起來不外乎幾點。

不耐煩：父母常因時間有限而無心跟孩子一起工作，寧可打發他們離開。記得有一次我曾稱讚一位小一的孩子工作做得很好，我說，猜想他在家一定常常幫媽媽做家事，沒想到他帶點老氣橫秋地回答我：「那是不可能的啦！媽媽說我很慢，她自己來更快，她會叫我去看電視。」

不放心安全問題：如果切到手怎麼辦？如果打翻要清理，如果打破會受傷。

不安心孩子的工作品質：父母在放手之後常覺得孩子無法把事情做好，但想到教育的重要又願意讓他們淺淺地參與。點到為止或中途被停止的片段工作，很難引起孩子對事務的喜歡與深解其味的樂趣。

不忍心：覺得交付太重。

質疑孩子為此付出時間是否值得：父母總以為，每一分時間都可以用來創造成績，因此，如果把某些時間拿來做家事就好像是一種浪費，使他們感到不安心。但我們忘記了，事實上，沒有任何一個人有辦法成天只做功課、讀書；適切地做一些家事，才是生活裡的正常情況。

我常說，在以前的年代，無論父母如何寵愛，大環境的種種不便自然會教給我

◆提供孩子一份完整工作的機會，其中有策劃與統籌的思考訓練。

們一些照顧自己的生活技巧，但對現在的孩子來說，這些條件都不見了。只要有一家超商、一台電腦，他們的生活就可以供應無缺，就算什麼事都不會，也能活得舒舒服服、有吃有玩。因此，如果父母再剝奪掉他們做家事的機會，以及體認每個人都該對生活有所貢獻的基本認識與訓練，那孩子的問題是會層層擴大的。

去年冬天，我去聽洪蘭老師的一場演講，她提到《浮萍男孩》這本書，並從科學與實驗的角度分享許多觀念。我對於老師提到的「多層次」的教學很感興趣，回家後幾次細讀了整本書，在第五十二頁中讀到「從動手做中得到心理健康的好處」與其後的整章闡述，真是心有所感，這就是被我們所忽略的教育。有多少父母即使等到孩子心理發生問題了，也還想不到生活失去平衡的事實所造成的影響。

你的家庭當然不可能每天像我們一樣，以餐廳運作的形式來帶領孩子做家事或了解生活的互助。但是，如果你能從我的分享中看到「提供孩子一份完整工作的機會」、「積極採取行動、慢慢期待成果」與「歡迎他們進入家庭真實的生活運作」這幾個突破點，也許，你就不再覺得，孩子是因為在別人手中，才有出乎預料的表現。

中國人古有明訓：「養不教，父之過。」現在則應解為「父母之過」。有誰能比你更愛自己的孩子呢？所以，還是自己好好照顧他們吧！

◆讓孩子進入家庭真實的生活運作，學習照顧自己、貢獻他人的生活技巧。

公平

我把公平當作一種愉快的心情來自我要求，
只求自己的情感出發時都相同，
而不是用刻意的行為來彌補不公平或昭彰公平的決定。
一旦緊張自己公不公平，一定很難做到真正的公平。

我這一生中自覺受過最好的讚美，是有人說我「很公平」；而那兩次「公平」的讚美因為都來自孩子的口中，對我來說是更值得珍惜的禮物。看待這兩次的稱讚，與其說只當禮物，也許更可以說是禮物之外的功課；它提醒我要當一位誠懇的分享者，無論我面對的是大人或孩子，只要公平就會順利。

我之所以感到訝異，是因為公平雖然是自己從小心嚮往之、長大後也深植內心的教養準則，但我從不曾為了要展現公平而有特別的舉動。可以說，這是一種價值與心情，雖然無時不刻地放在心中，卻沒有壓力、也沒有外顯的規條，我甚至很少把「公平」掛在口中。

第一次聽說自己得到「公平」這份讚美，是來自好友美玲的轉述。美玲的姪女品萱、品蓁曾參與我帶領的一場韓國泡菜實作活動，那次，我們原本的計畫是帶八個弱勢家庭的小朋友一起做泡菜，將做好的泡菜轉售出去，得來的款項再給孩子當零用錢，以購買需要的文具與生活用品。這樣他們既可嚐到一起工作的樂趣，又可靠自己的勞力賺取零用錢。

在我預定從新加坡返回帶領活動的一週前，美玲寫信告訴我，有個資優班的老師得知這個活動，也想帶幾位小朋友一起來參與，她問我合適嗎？合適嗎？我自己想了一想後，給美玲回了封信：「我想是合適的，就這麼辦吧。」

在我看來，資優是一張對學習認證與區分孩童階級的意識貼紙，由大人規劃而成，孩子是不可能自己想出這樣的分別。我小的時候，在小小的鄉下念書，父母是當地受過最高教育的成人並主持一所中學的教育，在學校我們的功課也都很好。但從小，我所身臨的教育實況是，就算班上最不會念書的小朋友，他們從老師那兒得到的機會跟我是一模一樣的；我們的功課一樣多、一樣被要求認真聽課。我想，這就是我所知道的公平。

這種經驗使我懂得如何讓不同的小朋友同處一個團體，如果我沒有問題，相信他們就沒有問題。事實上，在美玲對我初提此事的時候，我的確曾經認為：功課資優未必在生活上也資優，但仔細檢討自己這樣的心態，又覺不妥，這不也是另一種不公平嗎？我為了保護弱勢家庭的小孩，已經在想法上「岐視」被大人視為資優的孩子了。

◆在機會一樣的一天裡，每個孩子都相處得非常好。

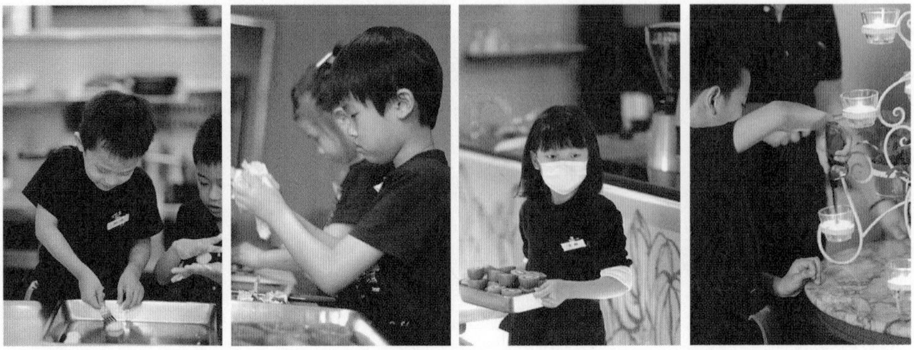

◆孩子總是希望能贏得喜歡的大人另眼相待。在面對每個孩子的時候，要把公平當作一種自我要求。

活動那天，我把孩子全都打散，如果不透過一些非常微小的地方，光從長相、工作態度與反應，我無法區分哪些是資優、哪些又是弱勢家庭的小朋友，尤其在他們都需要拿下身上配件、穿上圍裙的時候。人為的照顧無法掩蓋孩子天生的明朗。在機會一樣的一天裡，孩子已經忘記標籤的存在，他們相處得非常好。

經過這一天，據美玲說，品萱與品蓁兩姐妹因此而非常喜歡我。當美玲問品萱為什麼特別喜歡Bubu阿姨，孩子回答說：「因為Bubu阿姨很公平。」美玲與我分享時，我很驚訝，覺得自己並沒有特別做什麼「公平事」。

又過了兩年，小廚師在三峽也舉辦了幾十次活動。每一次，我只求自己都能像第一次那樣，全力以赴來帶領孩子，在那一天，我什麼都不多想，因此而特別懂得「當下」的意義。這一天裡的每一個孩子都很重要，就是我唯一的任務。

暑假，我收到一封從新竹寄來的卡片，信中寫滿參加小廚師後的感想與謝意，其中有一句話是這樣說的：「我最喜歡Bubu阿姨的原因，是因為您對每個人都一樣，您很公平。」

第二次從孩子口中得到「公平」兩個字的讚美時，我竟然有掉淚的激動。我拿著卡片，靜靜思考許久——對孩子來說的公平感受，到底是什麼？

記得有一次Pony來當我的小老師，也對我說起類似於公平這樣的想法。當她在帶領中，發現有一兩個小朋友會特別黏她的時候，她說自己看到眼前的孩子長得這麼可愛又親人，雖然也很想多跟他們在一起，但是她馬上就記起，自己在童年成長的每一個階段，都有過特別喜歡的大姐姐或老師，也希望能贏得他們的另眼相待。Pony以大孩子的成熟對我說，就是因為這份心情的回顧，她在面對每一個孩子的時候，更感到公平對待的重要。

在照顧兩個女兒二十幾年的過程裡，我很少特意去思考，什麼樣的對待才叫公平；我只跟自己確認，我愛她們的心是一樣的。雖然，差三歲的妹妹常常接受姐姐穿不下的衣服，但我一點也不覺得這顯示的是一種不公平；孩子也從來沒有說過，條件的差異使他們感受到不公平。

我相信自己一直都在學習公平這份非常困難的帶領功課；但是我也同時看到，想要把結果拉到看起來都公平，更會限制我們的思考，反而促使我們去做非常不自然、本來不應該有的決定。也許，不公平除了惡意與疏忽之外，還有另一種表達形式——當刻意的妥協或彌補，使得原本可以暢然對待、體會善意的雙方都失去焦距時，不公平的感覺便藉機而出。

所以，我把公平當作一種愉快的心情來自我要求，只求自己的情感出發時都相同，而不是用刻意的行為來彌補不公平或昭彰公平的決定。一旦緊張自己公不公平，一定很難做到真正的公平。

◆誠懇的分享，始終本於同樣的情感，無論面對的是大人或孩子，只要公平就會順利。

秩序

動靜與紀律無法做為孩子聽不聽明的觀察指標。我思考的是，要如何不用獨裁壓制的方法來安頓孩子的身心，使他們自己也能感受到紀律所產生的氣氛之美，與自己對環境的貢獻。

任何有孩子的地方，秩序會決定他們令人喜愛的程度。雖然每個孩子在父母的心目中都非常可愛，但不可否認，一個鬧起來足以攪亂環境的孩子，大家即使口裡不說，望來望去的眼神之中難免不載譴責之意。

自律與自由在教養的議題中不斷被討論，道理卻未必能越辯越明，因為談到某一個程度就成了捍衛立場之戰。如果孩子調皮搗蛋引來他人的目光，父母親有時候也會以這樣的孩子才聰明，來為自己找個可以下樓的台階。

不過，事實永遠是事實，動靜與紀律無法做為孩子聽不聽明的觀察指標。我思考的是，當一個好大人，要如何不用獨裁壓制的方法來安頓孩子的身心，使他們自己也能感受到紀律所產生的氣氛之美，與自己對環境的貢獻。

在小廚師開辦半年之後，我接到一通華視記者的電話，她客氣地問我可不可以實地拍攝採訪一次小廚師活動。我先是婉謝，因為覺得孩子在鏡頭的跟隨之下一定難以安定工作，這也不是我所承諾於父母的教導環境。但這位記者小姐非常誠懇客氣，一再跟我溝通，說這對其他父母是很有意義的觀念分享，後來我們約定好，如果我能徵得某些小廚師父母的同意，在絕不勉強孩子發言、盡量讓他們感到自在的情況下，再進行採訪。

我很謝謝在整個過程中，因為顧及孩子的工作狀況與心情，記者小姐的採訪工作當然非常不便，但這也表達了我們共同對孩子的珍惜之情。幾個星期後的一個下午，我又接到這位親切記者的來電，她告訴我，當天非常訝異孩子能有這麼好的秩序，但在活動的行進之間，她並沒有看到我特別的叮嚀或告誡。

記得很久以前，丹麥有位船長叫尼爾森（Mogens Forhn Nielsen），他領航的富爾敦號「Fulton」是專門收容在學校遭遇挫折、行為已經偏差、在團體中不受歡迎的青少年。尼爾森在海軍服役的時候就已經發現：屬下人員進行的有意義工作越多，犯軍紀的人便越少。這個觀察與經驗很有用，當他讓船上的孩子做越多事時，紀律問題也越少，只要他們明白自己的工作，帶領便沒有問題。

參加小廚師的小朋友當然沒有行為偏差的問題，但是孩子群聚之時就必然有秩序維持的需要。維持秩序不外乎兩種方法：由內安定或從外鎮壓。

讓孩子有事可做，可做的事又能引發樂趣，當然是最好的方法。小廚師的工作基本上就有這樣的特質。我會估量所有的工作「夠不夠」孩子做，以及工作的份量足不足以引起他們身心的滿足。

說來不可思議，即使我的小廚師們個個這麼小，在前兩個半鐘頭要準備湯、前菜、兩款主菜與甜點，後兩個鐘頭要開始接待、供餐、收拾、上甜點飲料、整理廚房，這麼繁複陌生的工作仍然不夠滿足他們的爆發力。所以在一年之後，我決定把每一梯次的十二個小朋友減少到八位小朋友，好讓孩子都有更大的工作量。

我常喜歡提醒大家在活動中深感助益的一份體會。我建議在為孩子舉辦活動的時候，要好好檢視內容，如果發現必須花費很多時間來維持秩序，很可能是活動的內容並不夠扎實，無法完全滿足孩子的需要。

在小廚師活動中，我們所遇到最大的問題是孩子的投入過份積極而引發爭奪。小米粉曾經跟我傾訴自己的緊張，她說，當孩子開始搶工作的時候，她就會擔心危險。有一次，兩個小朋友因為都想端托盤送菜，而同時去拉托盤，她笑說自己那天有些「火氣」，很嚴肅地跟小朋友說：「你們不該爭的，如果這樣搶，那不如我去送好了。」她忍不住地笑著跟我描述，兩個小朋友一聽，同時把手拿開正在拉扯的托盤，看著對方說：「那讓你送好了！」

我笑著再一次交代小米粉：「我們的目標是解決問題、幫助小朋友看到合作的可能與重要，而不是指責任何一個小朋友的不對。」如果孩子們經過指導而了解到

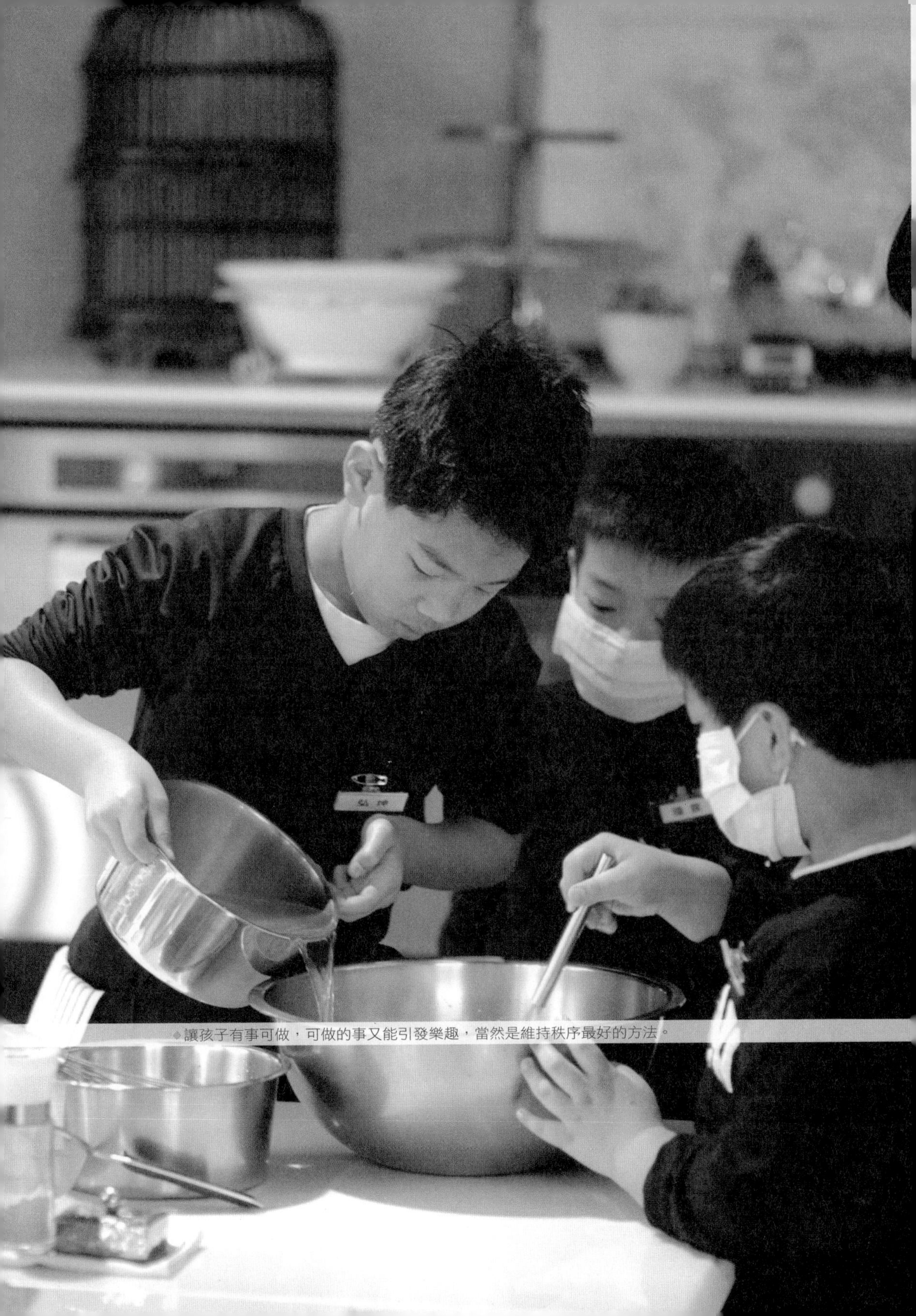

◆讓孩子有事可做，可做的事又能引發樂趣，當然是維持秩序最好的方法。

「搶」會讓工作變慢，還可能發生危險，就會真心接受輪流與合作的工作方式。

世界上有很多國家曾分享如何以凝聚、有意義的活動來安頓孩童或青少年過份旺盛的心志與體力，其中美國費城的牆畫成績斐然。這本來只是一項要引導青少年從有損城市形象的塗鴉轉為更有意義的創作，二十年之後竟發展為大型藝術公益項目。我覺得這其中最有意義的經驗，是以「看重」與「轉化」來重建秩序的美好。

我們應該重新省視與孩子相處的品質，以及提升對他們有益的身教與對待。紀律使生活有更和諧的氣氛、更多相容的可能。如果在要求孩子守紀律之前，大人能先定下心來觀察他們的身心需要，一片祥和就不再是困難的希望。

◆我們的目標是解決問題、幫助孩子看到合作的可能與重要。
在要求孩子守紀律之前，先觀察他們的身心需要，一片祥和並不是困難的希望。

有些安全的觀念與處變的能力，
的確是從生活中才能建立反應式的警覺系統。
這些經驗不會只對一件事有用，還能借用在其他情境中，
但基本的訓練與經驗模式不能不從小培植。

我常開玩笑說，我一直不喜歡親子活動的原因，是因為大人與孩子同工時老愛幫孩子出意見，又會搶他們手中的工作或工具；如果爸爸媽媽一起來參加我的小廚師活動，光看到那把刀就會當場嚇昏，很可能會一把搶下工具代子上陣。

我這樣說的時候，玩笑的成份當然是有的，不過，藉著玩笑吐露嚴肅的觀察也是心情之一。因為我怕正襟危坐討論這樣的事，在兩極端的思考模式下又要引起一場無謂的辯論。

我們的社會已經習慣動不動就進入一場唇槍舌劍的混戰中。當小廚師活動因為一些文章而傳了出去時，有的人贊成讓孩子積極參與生活，也有人覺得我根本就不該讓孩子做這麼危險的事；反對的人說，孩子體會生活、學習廚藝，從餐桌禮貌或美食的嚐試開始就好。

我對種種意見都沒有回應的理由，是因為小廚師活動是我對教育的分享，而並非要勉強大家接受這樣的觀念。覺得這種教育方法不好的父母，當然不會採行，這不是制度裡的必修課程，沒有人可以強迫父母接受；而不放心的父母，也不會把孩子送到我的手中。至於安全的考量，我所要承擔的責任絕對不比在家當父母來得輕。如果孩子真的在活動中有一丁點的差錯，我是沒有任何說辭可以為自己避責免難的。

我的勇氣到底從何而來，仔細想來竟沒有真切的答案。不過，我的確看到一種普通的狀況：對於生活中的許多學習，成人採行的觀點其實是「從教育上看都很有意義，回到生活上實不實行都沒有關係」。從概念到實現，是這條路真正漫長的距離。

小廚師活動如果一一檢視，每一樣都危險。切菜要拿刀，站爐台可能被燙到，咖啡機的蒸汽有一百度、洗碗機的掀蓋一打開也有九十幾度，這些想之讓人卻步的種種危險都要以孩子自己小心的提防來避免，而這就是生活真正的面貌。

在小廚師的活動進行了一年之後，我曾經局部調整、裝修過工作現場。當時，我曾想過要把所有的設備都調降高度，好讓它看起來更「可愛」一些，也更能配合孩子的身高。但轉念一想，又覺得這其實不吻合孩子所面對的生活實際，那將只是個「理想」的教學環境，但那種完美卻無法在他們自己的生活中複製，對父母來說反而更無法成為經驗的分享。

所以，我終究還是以一個成人原寸的生活環境來展開小廚師的工作，他們所面對的條件與危險和家中一模一樣。不夠高的地方要拿小椅子墊高，得低身探入的水槽，只有以警覺心才能形成保護。

有些安全的觀念與處變的能力，的確是從生活中才能建立反應式的警覺系統。這些經驗不會只對一件事有用，還能借用在其他的情境中，但基本的訓練與經驗模式不能不從小培植。

透過知識可以相授孩子的安全觀念，但是，人無法光憑記憶災難的應變法則來確立自我保護的系統。不了解危險的所在，或沒有足夠的應變經驗，也許更是另外一種不安全。

我二十七歲時第一次創業開了一家小餐廳，有一天，一位員工去開桶裝瓦斯前竟忘了把接頭先接好，瓦斯在瞬間傾瀉而出。當時，所有員工都知道瓦斯以這樣的速度外洩非常危險，卻沒有任何人能採取行動，全場陷入一片慌亂。

我之所以有勇氣並能以最快的速度衝到瓦斯桶前把開關扭緊再指揮下一步，這跟從小常要面對生活中的小危險、要解決難題所累積的行動經驗有很大的關係。我常笑言，當母親把整個家交給四年級的我來照顧，她怎麼不怕我在引火用焦煤燒洗澡水時，把我們那棟木造的校長宿舍付之一炬？

◆我們的責任除了讓孩子學會如何動手完成工作，更重要的是如何安全的工作。
拿掉與避開危險，看來是一時可行的想法，但也會阻礙我們對生活的正常認識。

有一次，我與一位七十歲的老人家聊天，她說起自己在鄉間，八歲就用稻草煮飯。八歲？稻草？我不禁問說：「稻草的煙灰會飛呢，這不會很危險嗎？」

老奶奶似乎對我有這個問題更感到訝異，她氣定神閒只輕輕回答了一句：「危險，小心就好。」

是啊！面對危險，我們難道有比「小心就好」更重要的面對方法嗎？拿掉與避開危險，看來是一時可行的想法，但它也一定會阻礙我們對生活的正常認識。

在小廚師活動中，我們的責任除了讓孩子學會如何動手完成工作之外，更重要的是如何安全的工作。比如說：

在掀開鍋蓋時，要往與自己站立的相反方向先開一個小縫，好讓熱氣透出，免得燙到自己。

拿一只燙的鍋具，用乾的抹布比濕的抹布更安全，因為水的導熱比較快。盛湯的時候怕燙到手，可以用另一只帶柄的容器托著，這比用手端碗舀湯讓孩子感到安全多了。

拿一把刀的時候，手的握姿與下刀的位置，都會因為自己關注的方法而更加安全。如果貓會把爪子收起來，小朋友也一定會懂得把手指頭收在刀片之後是最好的自我保護。如果切一只滾來滾去的圓形蔬果不安全，小朋友知道要先切下圓形的一緣，作為底座穩穩擺好再繼續切。只要做過一次，他們就會了解每次下刀前，要審

慎思考穩固的意義了。

如果薑磨到尾端怕擦到小手，用一把小叉子做為接替的握處，豈不是一個理想有趣的自我保護法。

以我對小朋友智力的了解，我確信這些要領能提供更多發想，使他們對安全有切身的認識。

◆拿一把刀的時候，手的握姿與下刀的位置，都會因為自己關注的方法而更安全。

沒有跟不上的孩子

聰明是耳聰目明的意思，我常告訴年輕的父母，
耳聰目明就是聽得清楚、看得仔細，
那是「專心致志」的表現。在小廚師的活動中，
我想幫助孩子養成專心做事的習慣，而不是選出聰明的規格品。

為了讓小廚師的活動有更自然的發展，我編梯次的方式完全是以報名的先後為順序，這就難免會遇到同一期裡有年齡或性別的參差。有時候，當名單一出來，我看到大部分都是一、二年級的小朋友時，也不免會湧起一份小小的擔心，暗暗捏一把冷汗，但通常一轉身也就釋懷了。畢竟，我對小廚師的信心其來有自，連幼稚園剛升上小一的孩子都能全心投入五、六個小時，空擔心不會給我任何的幫助！我該把心思用來設計內容。

孩子報名時，我們只要求填寫姓名、年級、性別與家長的姓名和聯絡方式，其他資料一概都不收集。雖然有些父母會自動填上孩子就讀的學校，但我在帶領每一梯次之前，通常因為太忙也無法細讀。

在活動中，我得借助名牌才能叫出孩子的名字。幾次之後，我發現，身高與面容的成熟度並無法幫助我判斷他們的年紀。一起工作時，我們講究的是良好的學習態度、抬頭挺胸的精神與好好說話的溝通，其他資料一點用處也沒有。有一次我甚至鬧了一個笑話，在工作中看到一個小男生去牽另一位小女生的手時，突然心下一驚，覺得這友誼的進度也未免太快，稍後才知道他們是兄妹，暗自在心中好好笑了自己一場。

有些父母因為看重這個活動而稍感緊張，他們會在孩子被通知參加之前來信告訴我，他們的孩子對家事有濃厚的興趣、或平日進行哪些練習，有些父母甚至擔心孩子完全不會廚藝，當天會不會有麻煩。我只能儘量緩解他們的緊張，提醒父母，這只是一場讓孩子參與生活的學習活動，並非「兒童烹飪比賽」。

幾百個小廚師與我們同工，完成了一日的餐廳經驗，而後回到自己的生活中。我自己最驚訝也最納悶的是：為什麼我從未感覺到，有任何一個孩子是跟不上進度的？

某個星期，發生了一件頗讓人省思的事。一位小朋友的母親在參加活動之前曾寫了一封信給我，信中充滿了擔心，似乎，這個孩子有些「與眾不同」的地方。我好好地讀完了信，但沒有特別記下名字。我不想讓這位母親的擔心成為我的限制。如果在教學的現場，我發現這個孩子有任何學習上的困難，我自然應該根據觀察來調整帶領的方式。

在興奮與忙碌的情緒中，活動順利地結束了。每一個孩子都在五個多小時裡學會了許多困難的工作，並熱情地呈現了他們的所學所感，那一天，他們都是非常神氣、自我尊重的小廚師。當晚，我在自己的部落格中記下工作感想：什麼使事情順利運轉？是完全盯緊目標的真誠合作；在這個時空裡，沒有挑剔與抱怨、沒有時間的浪費、沒有多餘的話語；孩子們雖然彼此陌生，卻在工作中建立互相支援、溫和協調的默契。

我才剛把日記寫完，就收到那位母親再一次的信息，除了致謝之外，信中以「慢飛」來形容孩子平日與人互動和學習的特質。我突然想起，之前那母親在信中或曾想要告訴我一些孩子的困境。但我想了又想，就是無法從當天的記憶找出與信中描述吻合的那個孩子。

我又把一整天的照片從檔案中調出，看了又看，也完全想不出當天有哪個孩子，對我來說是「特別慢」的一個。他們都學會了我們所教的技術、完成了工作的交託，並盡心盡力幫助團隊完成總體任務。如果當中真有快慢，也不過是幾分鐘之間的熟練差別；這種差距，以一個孩子的學習旅程看來，實在微小到不需

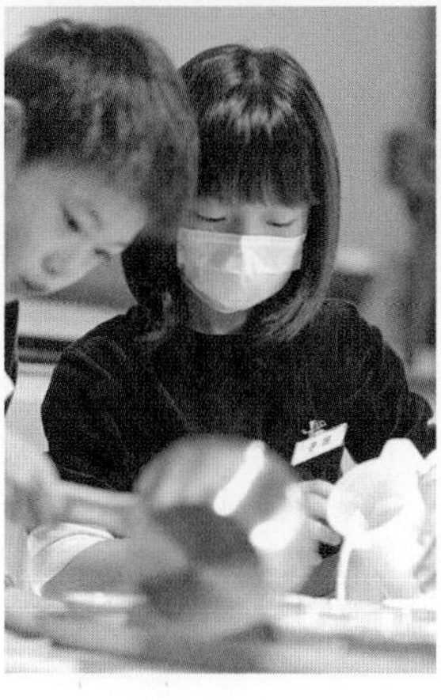

◆每個孩子都在五個多小時中學會了許多困難的工作，並熱情呈現了他們的所學所感，他們都是非常神氣、自我尊重的小廚師。

要用快慢來標示高下。我以他們的表現為榮，也非常高興自己在這之前，對他們沒有任何的成見，否則，我很可能會因為接受了別人對他的觀察，而未曾給予本該提供的機會。

聰明是耳聰目明的意思，我常告訴年輕的父母，耳聰目明就是聽得清楚、看得仔細，那是「專心致志」的表現。在小廚師的活動中，我想幫助孩子養成專心做事的習慣，而不是選出聰明的規格品。

我曾遇過被嬌寵到不懂得尊重環境、因為自我中心的行事習慣而阻礙活動的孩子，卻還沒有碰過因為「慢飛」而影響工作目標的小朋友。所以，我深信在學習的路上，沒有比「願意專心投入、堅持做完」更好的特質。這是我對小廚師活動的期待，到目前為止，我很滿意、也很享受孩子所展現的專心之美。

◆我深信在學習的路上，沒有比「願意專心投入、堅持做完」更好的特質。

跟進

如果教育有真正的開放，就不該以形式、結果來類化孩子。
要接受孩子之所以喜歡學習，是有各種理由影響著他們，
並不是只有壓力、強迫，
才會造就出一個小小年紀就熱愛學習的心靈。

即使在回想中，我仍能清晰地在聲音中感受到，吳小璠講這句話時中氣十足、精神飽滿的樣子。

——你好厲害喔！我要跟你學。

當時我正在廚房中帶著小主廚工作，耳中的話聲一落，我就忍不住抬頭想找出這話是誰說的，好想仔細端詳這樣的肺腑之言出自哪一個孩子的口中。雖然這句話只是由十個很普通的字所組成，可是那語聲之間的佩服，與真心要跟進、急著想學習的熱情，真是意在言內、完全的真情流露。

我看到了那孩子戴在胸前的名牌上寫著「吳小璠」。啊！是吳小璠啊。我與這孩子先前雖然沒有見過面，卻因為一個突發事件而知道了一些她的資料。

在報名的一千位小廚師中，我原先就認識的小朋友不超過十位。通常，在活動

之前我只注意孩子的年齡，並不詳讀他們的資料。那天之所以一看名牌就知道「吳小璠」是誰，是有個特別的原因。

五月七日原本有場小廚師，但我前一天感冒，在六日深夜發燒了，七日清晨還不見好轉，只好取消活動。因為擔心並不是每個人都會天天收發電子信，所以，我一定要以電話確定家長接獲通知。問題是，當天列在名單上的那批小朋友，只有吳小璠在報名的時候不知為何，並沒有留下任何電話的資料。

我很著急，想盡辦法要從各種管道找到可能的通知方法。看到報名資料上附註著就讀學校，我想如果上網查詢學校的班級網站，或許有可能找到聯絡的訊息。

學校的網站沒有刊載學生的通訊資料，但我卻因此看到吳小璠名列在學業優異的榜單上。不過，知道她是第一名也不能幫助我順利找到她，所以那天早上，吳爸爸、吳媽媽就帶著小朋友白跑了一趟三峽，我自己身體不舒服，也沒能在場等待，由小米粉負責等在店裡。

我心裡很過意不去，當天被取消的小朋友大部分都順延參加了往後的梯次，所以，我也很快就見到了吳小璠。

每一梯次，我們的工作都一如往常地忙碌，我的眼神心思也總是跟著孩子到處跑，無法特別注意某一個孩子。我是為尋找那聲「你好厲害喔！我要跟你學」，才從名牌又連結起吳小璠。

回到台灣這幾年，我常常感覺到成人對孩子有一些不公平的論斷，特別對年紀小卻懂得自動自發的孩子常有矛盾的評價。

大家一方面羨慕成績好的孩子，另一方面又說，這樣的孩子是因為受父母的壓力才如此用功的，其實他們個個都不快樂。批評有時太過份，讓人覺得不忍心。

我記得小女兒回台灣上小六那年，班上有個非常優秀的小朋友，功課好，長笛吹得更是好，人長得漂亮開朗，看起來就很開心。但是班上有一群同學的媽媽卻覺得那孩子絕對「不會」真正快樂，私下很愛討論這件事。每每聽到這種話語出自大人口中，總覺得很不應該。如果教育有真正的開放，就不該以形式、結果來類化孩子。要接受孩子之所以喜歡學習，是有各種理由影響著他們，並不是只有壓力、強迫，才會造就出一個小小年紀就熱愛學習的心靈。

看到吳小璠的時候，她熱情向上、一片赤子之心所發出的欣賞別人、想要跟進的態度，讓我不由得在一旁暗自激賞。她在學校名列前茅，卻並非別人眼中有壓力的孩子。如果學習是因為父母的督促，當時她的父母並不在身邊，而在小廚師的活動中，也拿不到任何一紙成績單，她的學習熱情好自然、好令人心喜。

在照片中，我也觀察到，吳小璠口中那「我要跟你學」可不是隨口說說而已。她的學習是有條理的，先在一旁仔細地看著已經會做的小朋友做，看的時候既專心又欣賞，也不搶著做，所以，等輪到自己做的時候就能穩穩做好。

無意中有機會以吳小璠為例，是因為很想藉著對一個可愛孩子的觀察，來分享多年來的一些感觸。

身為大人的我們應該以更開放、更公平的眼光來看待功課的意義。如果我們期待於孩子的是認真的學習，就應該要真心接受某些孩子的確有非常執著、嚴肅的一面，而不要隨便去定論哪一種表現才是聰明又快樂的典型。

好大人對孩子是不應該有雙重標準的。

◆孩子熱情向上、一片赤子之心所發出的欣賞別人、想要跟進的態度，讓我不由得暗自激賞。

大與小

我曾提醒年輕父母，要對小小孩說容易的事，
對大孩子則要求更高的標準，責任與要求應該隨年齡慢慢增加。
但我們社會的現況似乎是，對小小孩講非常大的道理，
對成熟的大孩子卻有些討好放任。

一群大孩子、一群小小孩或一群大小混齡的孩子一起活動，內容的設計當然有不同的考慮。由於孩子的年齡不同、心智的成熟度不同，對於設立工作目標與規劃細節的容量，我盡可能保持隨時彈性調整的變通，這是我得以愉快帶領最重要的原因之一。

五月底，我為小六的應屆畢業生舉辦了一場小廚師活動。因為曾經帶過這麼多小朋友，對孩子能力的預估與推算已經有了把握，我把當天活動的流程做了一些更動，讓孩子們在進入供餐服務前，把先前準備好的前菜與甜點全部擺設陳列而出，一方面希望孩子因為更高階的實作而覺得滿足，另一方面也對工作成果的美感到難忘。我總是用「美」來吸引孩子好好工作，因為，我記得畢卡索曾經說過：「每個孩子都是藝術家，長大了卻未必。」

那天前檯完全布置好了之後，我可以感受到小朋友對於自己竟有這樣的能力，覺得驚訝與驕傲。我不禁思考著一個常常浮現心頭的疑問：「難道這種完整的能力不能同時出現在他們的知識學習中嗎？難道念書一定不能如此有趣、思考如此完整嗎？」

我曾在演講中提醒年輕父母，要對小小孩說容易的事，對大孩子則要求更高的標準。我想要強調的是，責任與要求應該隨年齡慢慢增加，但我們社會的現況似乎是，對小小孩講非常大的道理，對成熟的大孩子卻有些討好放任。

那天，在做完主餐之後，我詢問有誰要幫忙刷洗爐台，頓時，一片靜默。我知道少有人會喜歡清理工作，但是，每一份工作都有它的完整度，清潔收尾就是餐飲這份看起來很好玩的工作內容之一，我不能讓孩子誤以為他們可以只取刺激好玩的創作部分。所以我又問了一次，並加強說明這個工作的重要，我認為應該讓六年級的大孩子明確地了解這件事。

有幾個孩子在聽完我的話之後，馬上朗聲回應：「我來！」其他女孩也紛紛表達工作意願。我很高興，立刻教她們如何分工合作，一個用菜瓜布、清潔劑刷，一個隨後用乾淨的濕抹布把清潔劑擦拭掉，另一個則用一張乾的廚房紙巾來除去抹布留下的水痕，我則幫忙擰抹布，一下子就把一個爐台面整理得乾乾淨淨了。

在這群高年級的小廚師之後，我又帶領了另一場年紀非常小的小廚師活動。這

◆我總是用「美」來吸引孩子好好工作，因為每個孩子都是藝術家。

批小朋友的成員是：一個小班、一個中班、兩個大班、兩個小一和一個小二的小朋友。

這原本是好久前台中一所幼稚園邀請我主持的教學觀摩會，我後來提議以一場小廚師活動來代替坐而談的教學探討與師職訓練。

第一眼看到那兩個小班與中班的小女生時，心裡雖然為她們的可愛而感到意亂情迷，不過，緊張害怕也立刻相伴而來。她們還真是小，小到我必須隨時彎腰平行著身子才能與她們穩穩四目交望。

我把兩個小女孩帶在身邊，才發現小朋友真是能幹。她們無論什麼都想做、也都能做。我打開一瓶鮮奶油，請她們量三杯給我，兩個小女孩就通力合作、一滴都不漏地完成任務交給我，只在沾到自己的小手時，忍不住高興地大笑起來。她們這麼容易就感到開心，一下子就釋放了我緊張的心情。我知道，年齡不是我該憂慮的問題，我唯一的困難，是她們個子太小，得站在小凳子上才能工作，我必須時時注意孩子跌倒的危險，常常要調整她們站立的中心位置。除此之外，我只要稍加設計工作中的變化，使中、小班所累積的學習經驗能應用在其中，就非常順利。即使主菜的排列有七道繁複的手續，孩子可是一絲不苟地完成的，那小小手對美也有很高的標準，用紙擦拭盤緣的可愛模樣，真像小仙子下凡來！

雖然這是一次特別年幼的組合，但我並沒有刪減任何流程，只稍微簡化某些不

適體能的負擔，比如說，太小的孩子只讓他們運送碗盤歸位，就不站洗碗槽。細心觀察、遇到困難便立刻變通，使孩子成功完成任務的機會不斷地提高。

供餐後，孩子們接著做飲料、上甜點，我則與老師們齊聚在大桌前，就當天的活動交換意見。園長首先提問：「我們今天最擔心的，是身上的錢不夠賠償孩子打破的杯盤費用。」我笑著回答他：「但是，到目前為止，孩子們好得很！沒有人打破任何一件東西，對不對？」園長緊接著問：「這就是我想要知道的。早上看到蔡老師帶小朋友之後，我最想知道您對孩子放手的信心是從何而來的？」

這時，剛好園長一年級的兒子用一個托盤端著四杯咖啡，從吧台穩步走來。我看到原本對著我的十幾雙眼睛，同時轉向孩子，每一雙眼神都帶著擔心與驚惶，他們的心情就像杯中的水位，微微晃動。我不禁笑了起來，原來，廣告上說的既期待又怕受傷害，就是這種眼神的加總。如果，當時我不是站在桌子的另一頭，恐怕有幾位父母已經搶身上前去接應了。

信任沒有辦法憑空而生。我之所以認為那孩子端四杯咖啡沒有問題，是因為之前已經逐步帶他做過一些事，才從了解產生信心。所以，我很鼓勵父母與我一樣，花時間專注地陪孩子做事，再從中發現、期待往前發展的可能性。

◆專心是我們與工作之間的寄託關係，四、五歲的孩子也能做到。

教育的成本

如果單就當天那位孩子的改變而言，我就像個教育魔法師；
但是真心說來，那一天的我可以算是一個沒有良心的教育者。
因為，改變他的並非我的能力，而是他人的資源，
讓教育的成本失去了公平的設想與合理的使用。

這是令人難忘的一天，也是我帶領小廚師的全新體驗。在此之前，當我想到教育的「成本」時，多半是金錢付出的問題。好比說，我了解私立學校與公立學校因學費而有的資源差別；我了解美國大學比台灣大學貴如此之多的原因。

這幾年，當Abby與Pony必須為大一付出這麼高的餐費（美國大學生的大一食宿都由學校代辦，不能自理），而我又親眼看到食物、代幣那麼多，吃用不完時，心中對這樣的付出與美國式的浪費是十分不以為然的。我心中有個疑問，為教育付出這麼高的代價是真正必要的嗎？

然而，這一天的小廚師活動，當我因為一個孩子而有了帶領上的掙扎時，我的心思與眼光又超越了看得見的金錢代價，望向了一個未曾仔細思考過的範圍。我的疑問更加一層地拋向自己的教學：「這樣的教育成本，會不會太高？對集中而有的

資源來說，這是正確的使用嗎？」

照例在九點集合的小廚師，今天沒有人遲到。等父母都離開之後，孩子們已在工作人員的協助下都整好裝束了，我們一刻不浪費，馬上就定位開始工作。

一開頭就遇到困難了。我隨機分配組別、準備工作時，有位高年級的小男生無論我說什麼，他的回答都是「不要」。那高聲的「不要」因為完全不帶一絲玩笑之意，聽起來倒比較像挑戰，所以，立刻在彼此陌生的孩子之間散溢出一股讓人微微不安的氣息。我特別從幾個年齡較小、感覺很柔弱的女孩眼中，看到一點無由的驚慌之意，另有一兩個小男生則閃過一抹促狹的表情，雖不跟著起鬨，也好像了解接下來或許會發生一點「好戲」。

站在八個孩子面前的我，雖然表面強自鎮定，但心裡不無擔心。想起自己從來沒見識過「難纏的小孩」，今天，我能毫無經驗地面對這或許會一直持續下去的挑釁嗎？我能順利使活動一如往常地進行下去嗎？

起先，我打算對那一疊聲的「不要」相應不理，只輕輕解釋分配並不是徵詢，我們工作很多，得儘快動手。不知道是不是因為我沒有擴大來處理種種反應，他的態度在一時之間反倒轉為更壞，那聲量與對立的感覺的確已經驚嚇到身邊的其他孩子，我不得不積極面對自己與他的問題。

我緩和地問他：「你是不是不想參加這個活動，但爸媽卻幫你報了名？」他回答我：「不知道！」我接著說：「你知道我們有很多小朋友真的是想來而報不上名的，如果，你真的不想參加，我可以打電話請爸媽來接你回去。」他沒好氣回我一聲：「沒有必要！」是的！沒有必要，我當時也這麼想。如果他能在此刻了解每個地方都有紀律得遵循，大家才能好好工作，那當然歡迎他留下來。

我好不容易使他在準備食材的工作站中安定了下來，希望以工作來集中孩子的心思，我也親自教了他如何拿刀、處理不同的食材。孩子動手工作的品質很好，但走進走出時仍改不掉給這個人一小拳、那個人一輕踢這種完全不該有的肢體動作。

當孩子有一些不適當的小動作，大多是久來的積習，要一時完全勸說立刻改過是不大可能的，但我很擔心這些肢體動作在這個危險的環境中，會不防地對其他孩子造成傷害，我得花費許多精神在遠處近距「照看」他。

在做沙拉時，他會故意把蛋弄碎，不問一聲就吃掉，引來其他孩子發笑，然後洋洋自得。經過兩個小時的準備工作，輪流過不同的工作站之後，小米粉跟我都感受到他對這場活動的威脅。等一下餐廳開始運作時，我們還有那麼多時間可以緊迫釘人地照看他所做的一切嗎？

我立刻做了決定。從前兩個小時的進度看來，這個孩子並不是不喜歡或不能做事，他只是非常自我中心，也不了解自己的紀律對團體的意義，如果一時說得通那當然好，但從幾次的溝通中，我知道要立刻使他懂得尊重他人幾乎是不可能的，我

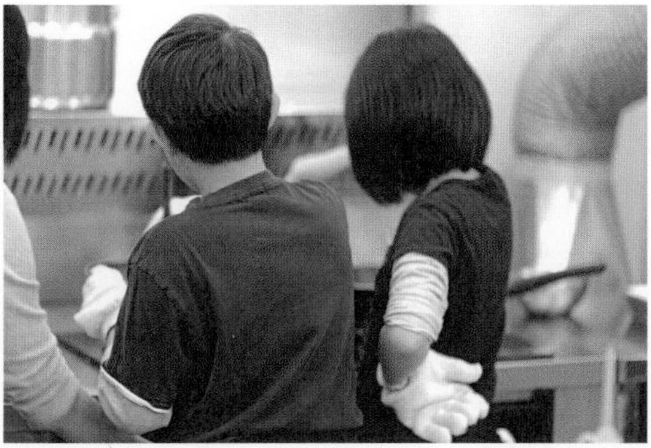

◆讓每個孩子都能獲得同等的學習資源，工作雖不同但機會公平，這才是好的教育。

們只好暫時用工作來「限制」他。我因為想把兩個年紀比較小的帶在身邊，就把最需要手工與時間的沙拉大盤交給他負責，讓小米粉以一對一的人力來跟他同工。

十二點半後，客人陸續就座，我們的供餐進行得非常順利。沙拉大盤是第二道菜，都完成之後，小米粉進廚房來跟我說：「工作一做完，我就對他沒有辦法了！我們可不可以把甜點也交給他？」我當時正在帶小小孩出主菜，另外領著一個孩子回收整理碗盤，心裡儘管很不願意，卻只好對小米粉點點頭。

◆守紀律、了解尊重的孩子是貢獻者，應受喝采。

就這樣，對孩子來說最美、最好玩的沙拉與甜點，幾乎都被這個小朋友獨佔完成了。事後，我自己有非常深切的反省。可以說，我們並不是懂得如何教育他，而是不得不如此來安頓，以使工作順利進行並阻止他對其他人的打攪。但是，站在其他小朋友的立場來看，這是非常不公平的，我們等於把應該公平分配的學習資源都集中在一個人的身上了。

事後分享這個感受的時候，兩個女兒都覺得我處理得不好。她們認為我應該在孩子不斷打攪活動並勸說不聽時，就中止他的參與，寧願撤出一位工作人員在外陪伴，等待父母來接，也不該犧牲其他孩子的機會來安定他。

我想，我已經了解這其中的重要了。如果單就當天那位孩子的改變而言，我就像個教育魔法師；但是真心說來，那一天的我可以算是一個沒有良心的教育者。因為，改變他的並非我的能力，而是他人的資源。如果，每個孩子也都一如我們平常的分工合作，工作雖不同但機會公平，那才是真正好的教育。

不過，我也因而更懂得那些守紀律、了解尊重的孩子對於教育的大貢獻；是他們使得教育的成本可以有公平的設想與合理的使用。

孩子的心懷

我在許多小廚師身上，
看到孩子們實在有天生包容、彼此接納的美好性情。
我常忘情地看著他們專心一意地提攜合作；
教的人一片真心，學的人一片誠意。

我們常把孩子們喜歡計較爭寵、喜歡追逐焦點看得如此理所當然，好像凡是有孩子之處，就有種種問題；因此，跟孩子相處的時候，扮演公平分配、擺平糾紛、勸說大該讓小之類的調停，就成了父母日日的教養大事。

我一向反對這種成見，強調爭鬥現象的人並沒有注意到，許多家庭更有手足親愛、互相扶持的實例。一旦成人認為有孩子就有爭寵之事，而開始注意齊頭式的平等，反而會使原本可以不成為糾紛的小事，因為成見而對號入座，與我們的預想貼合。

我在許多小廚師身上，看到孩子們實在有天生包容、彼此接納的美好性情。雖然有些手足的確一進門就拳打腳踢地玩鬧，但以比例上來看，能友愛照顧的兄弟姐妹其實更多。

有一梯次，我們有兩位小朋友的名字聽起來就像一幅對聯——懷謙三年級，容寬二年級。他們來參加小廚師之前，彼此並不相識，但在工作中卻有了人如其名的美好合作。

那天，我們的準備工作都完成、開始供餐時，懷謙被分配到與我同一組工作，他是當天的主廚之一，而容寬負責送餐的服務。

這一天，懷謙負責的主菜是塔塔醬牛肉。工作的流程是由一個一年級的小朋友幫懷謙在一個圓型大盤的中央壓出一個緊實、也是圓形的白飯。這時，我們的主廚懷謙會把一塊厚約一公分的輪狀洋蔥煎香調味，放在白飯之上。洋蔥擺正後，懷謙繼續把一片片用新鮮香草滷煮入味的牛肉片，以交疊的環形鋪設在洋蔥上。現在，整個盤子看起來已經有很立體的高度，懷謙拿起架子上的小醬料鍋，把塔塔醬仔細地淋在牛肉之上。接著換鍋再加蜂蜜芥末子，最後拿起黑胡椒研磨器，從半空中磨出椒粒，細細飄上他費心完成的主菜。

我與懷謙站在工作台的同一側，看著他穩穩地工作，只稍做一兩個小地方的指點，畫龍與點睛，孩子同時掌握得很好。

當送餐的容寬走進來，準備把懷謙做好的主菜放上托盤送出去到客人面前，每一次我都發現容寬在等待時，盯著製作主菜的每一個步驟看，那眼中有欣賞、有羨慕，還有一點點在我看來可以解讀成「如果我也可以做一次，該有多好」的心情。

容寬人如其名，進門報到的第一眼就讓人覺得是很好商量的孩子，他被分配到的工作因為心裡樂意，所以都做得很好。雖然如此，他看著懷謙手中工作的那抹小小欣羨，我還是讀到了。

主菜上到尾聲的時候，那記掛催促我開口跟懷謙商量：「點單上的主菜只剩三道還沒有做，因為容寬沒有做到主菜，這三道我們讓他試試看好不好？」

懷謙真是懷謙，他工作中靜默誠懇，看起來比三年級成熟穩重得多，聽到我提議，他抬頭看我，點頭表達同意，那一點頭，又使我替他感到非常不捨。一件事好不容易從不會、從陌生做到很上手了，卻在一種很合理的情況下必須放手與同伴分享，他的依依，我怎麼會不了解呢？那就是我們大人說的「熱」，做得正熱呢！實在好想再做下去。正在興頭上的孩子能立刻同意放手，真是不容易。

◆孩子的心懷總是無私而開放的，大人不應刻意標明競爭。

不知道是不是因為我同時考慮到容寬與懷謙的心情，一個更好的念頭突然閃過我的腦中，但願這個辦法能兼顧他們的希望與感受，而不致使放手的孩子有著一時的失落。

我又跟懷謙說：「這道菜你已經做得很好了，待會兒容寬來學的時候，Bubu阿姨就不教他了，由你來教。你先一個步驟、一個步驟地示範講解給他看，接下來就看著他做，有問題，再調整。」然後我把容寬叫進來，告訴他接下來懷謙會教他做菜，有問題他可以盡量問懷謙。

懷謙繞過洗碗區，與容寬並立在我的對面，開始當起小老師，教容寬動手完成剩下的三道主菜。我一句話都沒有說，完全沉浸在眼前美好的畫面中。我忘情地看著兩個孩子專心一意地提攜合作；教的人一片真心，學的人一片誠意。

從此之後，小廚師展開了一個原先我沒有預設過的教學法：彼此帶領。不分年齡大小，每組的工作都由先學會的人教還沒有接觸過的人。我要謝謝容寬和懷謙，是他們彼此珍惜的心意使我有了這靈光一閃的託付。在那天之後，我也因而更了解孩子的潛力。童心善意確實是世界的珍寶。

◆謝謝容寬和懷謙，讓我更了解孩子的潛力。童心善意確實是世界的珍寶。

這一天，實在非常美妙，
我看到「提攜」、「照顧」、「尊重」與「敬愛」，
在十歲與九十歲之間，以行動和文字完成了美好的連結。
社會的祥和與愛，的確是看得見，從不曾離我們遠去的。

洪蘭老師應朋友之邀來過一次Bitbit Café之後，有個假日帶家人二度光臨三峽。老師打算來的那天，剛好我們排有小廚師的活動，店裡的訂位幾乎都滿了，再加七個人，無論如何無法排出理想的位置供老師一行人使用。

當時，以我對洪蘭老師粗淺的認識，我知道她絕不會樂意我們把他人預先訂好的大桌讓出來給她們，而當庭宜告知她接到洪蘭老師親自訂位的電話時，我也更加了解洪蘭老師的行事風格。

庭宜轉述，洪蘭老師在訂位時跟她說：「沒有大桌子沒關係，隨便擠一擠就可以了。」所以，那天老師與九十幾歲的母親和姐妹、朋友只好圍坐在窗邊由兩張桌子拼成的座位上。

洪蘭老師會來用餐的消息，我並沒有事先告知家長與小朋友們。那天當家長看

到老師一行人時，先是驚訝而後興奮。小朋友呢，比較大的幾個孩子，已經熟悉老師的聲名；小的幾個，因為沒有被叮囑有貴賓到來，一律秉公處理，只以他們標準一致的熱忱進行服務。他們聽到老師的大名時，也只是像聽到「曾太太」或「林先生」那樣，一心專注於工作，而不自覺於有所謂的VIP。我很喜悅他們把每個人都看得一樣重要，小朋友展現了最佳的服務精神與品質。

事後，洪蘭老師在《聯合報》專欄中寫了一篇〈生活即教育〉的文章，老師對孩子的真心關懷，使我想到〈孟子．梁惠王上篇〉的「幼吾幼，以及人之幼」。因為知道洪蘭老師的忙碌，我不敢輕易去信打攪，不過，非常珍貴的是，當天我們有位小廚師也記了一篇日記。

他負責為老師那一桌帶位、送菜與服務，對這個小二的孩子來說，老師那一桌客人的確是非常高齡、是他的祖輩與曾祖輩年齡層的客人，從凱翔的日記中，我看到從孩子心中自然而發的「老吾老」之敬。

這一天，實在非常美妙，我看到「提攜」、「照顧」、「尊重」與「敬愛」，在十歲與九十歲之間，以行動和文字完成了美好的連結。社會的祥和與愛，的確是看得見，從不曾離我們遠去的。

生活即教育

洪蘭 老師

杜威的「生活即教育」一直是教育的最高理想，最近我在一家餐廳中看到了這個理想的實現。

小學生當侍者　表現不輸大人

很多父母都讀過蔡穎卿的《媽媽是最初的老師》這本暢銷書，我很喜歡這本書，尤其喜歡她的人生哲學、生活品味及烹飪技術。所以在一個星期天中午，我帶母親和親友去了她的餐廳。

我們一走進門就看到一個很可愛的小男孩，穿著黑色的侍者制服，腰上圍的圍裙幾乎拖到地，迎上前來，很正式的說：「請問您有訂位嗎？」然後一本正經的在訂位單上劃去我的名字，說：「這邊請。」他把我們帶到窗邊的位子，但是我們都沒有坐下，因為太驚訝了，十二個一年級到六年級的小朋友，侍者打扮，圍裙口袋上還掛著一條折得整整齊齊的毛巾，穿梭在桌子間端茶、上菜。一時間，覺得自己好似來到了格利佛的小人國，周圍都是小大人。

孩子們有機會　就會做得很好

一個小學一年級的孩子用托盤端了一碗湯，目不斜視的專心走路。走到桌子前面時，另一個跟他同樣年齡的女孩幫他把湯放在客人面前，說「請慢用」，然後告退。我們看得下巴都掉下來了，這麼小的孩子可以端湯而且不會打翻，太驚訝了。可見孩子可以教，他也可以做得很好，只要我們給他機會。

我們終於坐下來後，一位漂亮的小女孩來替我們倒水並送菜單，然後一位小男生來點菜。他很有自信的掏出本子，先從女士點起，然後男士，看他嚴肅地在寫，我忍不住偷看一下，果然全是注音符號，但又有什麼關係呢？文字是溝通的工具，只要達到目的，任何符號都可以用。

後來與蔡穎卿談時，才知道這些都是在網路上報名來參加「小廚師」實作活動的小朋友。從早上九點鐘父母把他們送來報到，他們便留在餐廳中學習如何擺菜、擺刀叉、做沙拉、做甜點，實際動手做一個小廚師。中午時，父母以客人身分光臨，接受孩子的服務，吃完再把孩子帶回家。這一天她控制客人人數，不接受第二輪訂位。她強調在事前仔細教，儘量避免孩子做完，大人又把它重做一遍的窘況，所以她的孩子都很有自信。

實作體會教養　最真實的教育

她說她希望藉著這個活動讓孩子從實作中學到安排工作順序的重要、時間感、呈現食物的重要、美食的知識，最後得到自己的成就感。實作是一條通往教養真正的路，雖然進度很慢，卻是唯一的路。餐廳絕對不只是吃飯的地方，它是展現生活

教養的地方。孩子從餐桌的擺設、餐具的安排、上菜的順序、服務的態度上學到最真實的一課生命教育，以後有服務他人的心，也懂得安排自己的生活。

生活即教育，良有以也！我今天看到一個有心人，在她的能力範圍內，不計較成本，成功教育了十二名國家未來的主人翁。只要我們對教育關心、肯參與投入，台灣的未來就會有希望。

走出來時，雖然天陰欲雨，我的心卻是明亮愉快的。

凱翔的日記：當小廚師

上個星期日，我去三峽的Bitbit Café當小廚師。

我們九點前就要到Bitbit Café集合，為什麼要這麼早到呢？因為要準備客人吃的菜，還要教我們設桌，也教我們幫客人點菜。

等到客人來時，我被分到點菜組。有時候我幫客人點菜，看到客人很高興的吃著飯，心裡很開心。我覺得當小廚師好好玩，而且要有耐心，因為有一桌老人比較多，上菜跟他們借過時，就要耐心的等待。

我下次還想當小廚師，因為在這次活動中，我學會怎麼幫人家服務，而且我覺得很有成就感！

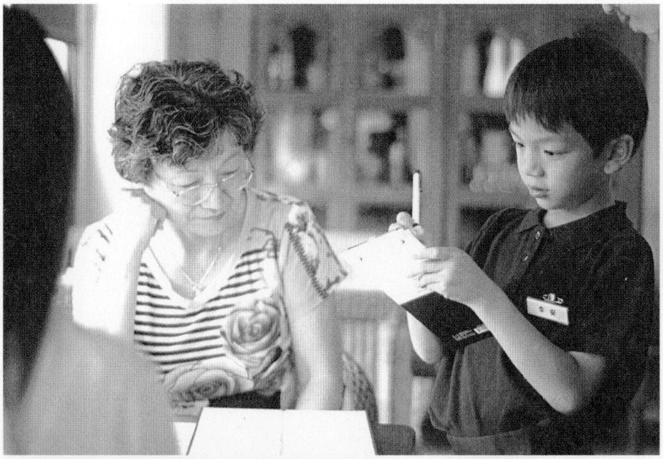

◆誠如洪蘭老師所說，孩子可以教，他也可以做得很好，只要我們給他機會。

相親推薦書

每一個小廚師都讓我想為他們寫一份工作成績單，用「一派賢淑」、「能者多勞」或「一雙神仙手」這麼適合他們的語句，來形容讓我凝神陶醉的畫面。我真是非常以孩子的能幹與敞開為榮的。

兩個女兒從曼谷國際學校再回到台灣受教育的時候，Abby已經是國三的學生了。她第一次拿回學期成績單，我一讀到評語那一欄就不禁大笑了起來：「溫柔婉約、秀外慧中。」

我跟爸爸說：「這份成績單一定要好好收起來，以後可以拿來相親用。雖然沒有提到學習，但十分閨閣秀氣的感覺。」沒想到他回答我：「我小學的時候，老師還在成績單上寫過『深謀遠慮』這樣的評語呢！」

「『深謀遠慮』？你確定嗎？」我問他當時才小學四年級？聽完忍不住要取笑他：「會不會是老師寫錯了，其實真正要說的是你『老謀深算』？」他也大笑地加碼說：「如果小學四年級就深謀遠慮，長大應該就非常『老謀深算』了。」

我們玩笑著成績單上的評語，最主要也是因為離家好幾年，已看慣孩子們領回的成績單上，總在工作等級之後只有老師以文字敘述個人的工作特質、值得嘉許與可以改進的具體事項而已，像這麼有門面的成績單，例如「品學兼優」的字樣，已經陌生到能產生另一種趣味了。

那張成績單引我想起小時候自己是多麼重視老師的隻字片語。在學期末的結業式，最期待的不是假期要開始，也不是成績欄位上的數字。好像每個人永遠小心翼翼、像抽獎一樣，絕不敢一下冒然翻開的，就是單薄紙片上，老師端正寫下的兩句、至多四句的評語。

這回想使我印證，孩子總是希望得到大人的肯定與認同。平日並沒有機會得知老師的想法，直到學期末，好像自己的努力終會化成老師八個或十六個字的魔術，傳到父母與自己的心中。

我倒是從沒得過「秀外慧中」這樣的評語，但在小廚師活動中，才深深了解這四個字是多麼適合用來當我們「成績單」上的描述。

有幾次，我忍不住在活動會後跟小廚師的家長們說，如果你們將來想得到一個好媳婦或好女婿，現在應該考慮快快訂下我們的小廚師，以免將來人多向隅，後悔莫及。我想到母親生我的時候，據說有個願望，她希望我長得漂亮，希望我賢慧能幹、人見人愛，帶我到哪裡都有人會央求她：「啊！這麼好的孩子，長大後給我當媳婦吧！」我當然沒有如母親所願，但在看了一梯梯的小廚師之後，竟完全了解母親那盼望的心情。這麼好的孩子，帶回去當媳婦、女婿吧！

我的爸媽遠在台東養老，平日除了電話的問候之外，爸媽也藉著部落格知道我的生活與活動，所以，他們也看了很多小廚師的照片。有一次我目睹媽媽架著老花眼鏡，盯著一個畫面許久、許久，才依依不捨地請爸爸幫她換下一張。有好幾次，我眉飛色舞地跟她說起小廚師時，媽媽總是從老花眼鏡移開視線向我問道：「為什麼每個孩子都長得這麼好啊！」那問題更是引起我心中滿懷的得意了。我回頭想想也感到奇怪，孩子又不是我生的，他們長得好，我其實是毫無貢獻的，但就是掩不住得意，原來，與有榮焉就是這樣的心情。

我真是非常以孩子的能幹與敞開為榮的。在大人的烹飪班上，我就是愛提我的小廚師的種種可愛，並不是故意要刺激媽媽們，卻真的希望大人能向孩子的開放與心無旁騖學習。

我記得有一次成人的課程上，媽媽們說：「我覺得煎蛋捲好難喔！」我嚇了一大跳。很難？不會吧！我馬上道出小廚師的工作實況。

一個小學五年級的孩子就可以站在雙爐台當主廚，他的主菜是一道現做的蛋包飯配現炒牛小排薄片，所以他同時開兩爐來操作，完成烹調還要裝飾上菜的大盤。這所有的工作都有時間上的限制，並非悠哉悠哉地完成。孩子都知道，想的時候才怕，動手做就不怕了；他們迫不及待要動手、並在嚐試中學習。

◆孩子都知道，想的時候才怕，動手做就不怕了；他們迫不及待要動手、並在嘗試中學習。

◆孩子自然流露、完全沉浸在工作中的神情，讓我相信有一天，我一定會在很多重要的職場上、很多幸福的家庭中，重見他們的架勢與能力。

一年半來的小廚師活動，我從沒有想過要用同樣的一套菜色來帶領，雖然，固定內容在備料或工作流程上一定方便許多，但透過不同的教材來集中心力、深入觀察，對教學者來說是非常深刻的磨練。年紀越大，我越了解也越珍惜「教學者要先磨練自己」，如果能把自己提升到對教學內容感到興奮的心境，會更容易引發學習者的熱情。

在每一場小廚師活動中，我會遇到特質不同的小朋友。有些孩子賢慧體貼；有些孩子謙虛厚寬；有些孩子專注執著。也有些孩子讓我想到CEO，他們好可愛，做著手裡的還不忘關心他人手上的工作，那份心繫好幾處的忙碌，讓我得像趕羊一樣，把他們的心與手全部集中到我們工作的小徑上來。

每一個小廚師都讓我想為他們寫一份工作成績單，用「一派賢淑」、「能者多勞」或「一雙神仙手」這麼適合的語句，來形容讓我凝神陶醉的畫面。不知道這是否能做為他們將來的相親推薦書？或者，比這些文字更有說服力的，是他們在照片中自然流露、完全沉浸在工作中的神情？

我相信有一天，我一定會在這個社會很多重要的職場上、很多幸福的家庭中，重見這些孩子的架勢與能力。

幸福

幸福絕非是一種叮嚀，而是一種傳達與展示。
除了自己好好工作、好好生活，
緊抓住生活的各種介面，用最簡單的形式表達愛與關懷，
我想不出有任何的方法，可以培育出一個熱情的孩子。

八十歲的母親每次看到小廚師的活動照片，總是給我非常嘉許的肯定。她說：

「妳對孩子們做這些事很好！非常的好。」

沒有人不希望得到父母的肯定，即使我已經五十歲了，聽到母親這樣的讚許，還是有種像要上台領獎的難掩興奮。事實上，現在的我能對孩子做這些事，完全是因為母親先給足了我對生活的感受。母親使我深信，一個成人可以透過許多小事，來為孩子詮釋生命的美好。

幸福絕非是一種叮嚀，而是一種傳達與展示。除了自己好好工作、好好生活之外，我想不出有任何的方法，可以培育出一個熱情的孩子。當我們耳熟能詳地侃侃而談「生活力」的時候，就應該以自己為榜樣，來證實「生活力」是「自我完成」的概述性說法；我們不只要能生活，更要好好生活。

我的母親之所以讚許我，是因為她想起了日據時代自己還是個小學生的前塵往事。母親想起那幸福的感覺，是一種由大人深刻在孩子心靈的圖像與影響。

母親說，她的小學老師非常疼愛她。有一日因為同住的女同事回日本去了，老師大概是因為獨居而感到害怕，所以要她去作伴幾日。媽媽回憶著那幾日早上起床漱口之後，坐在餐桌旁的感覺，那景象與氣氛，對童年的她來說，真是驚喜到無法言傳。

六、七十年前的旗山鎮，當然是不可能有冷氣的。但夏日的早餐桌上，她的老師已經想到許多體貼與美感。老師幫她做好了一盤倒扣在盤上的蛋炒飯，一小碟醃菜、一杯冷的紅茶和一只水果，細心照顧她吃完早餐後才讓她去上學。那種觸動，孩子雖然說不清楚，至今卻難以忘記。母親於是喃喃以自己孩童時的心情對我說：「真可愛！真可愛！那些孩子一定會記得妳給他們那種幸福的感覺。」

我很謝謝母親，如果不是她告訴我那份自己曾領受的心情是如此難忘，我也許無法持續地把這份工作，以每一次都新鮮的心情好好地做下去。

我原非要長久直接提供這份幸福的經驗給孩子，而是想藉著活動說服父母，要緊抓住生活的各種介面，用最簡單的形式對孩子表達愛與關懷。

所以當小廚師來到我的身旁時，我所掛念的，也就是在這樣的一天，自己能不能展現幸福的總總面貌給孩子？那些感覺包含：

我很歡迎你與我一起工作。

我想教你做出比你自己想像更難的作品，因為我知道你一定可以。

我不怕麻煩但你不要緊張，因為我會等你一下。

我從來沒有刻意詢問過孩子來當小廚師是否感到快樂，因為我可以在他們的眼神流連之處得到肯定的答案。那就像你到別人家作客時，絕不是憑著主人口中的「歡迎、歡迎」來判斷自己是否真受歡迎，而是從被接待的方式與情感來確認。

主辦小廚師，我就像在當一個生活的主人，以工作邀約孩子來跟我品嚐生活。我費心思考，什麼能使小朋友感到真正受歡迎呢？幸福的感覺最重要的一個因素，不就是自己受到他人的歡迎嗎？

記得小時候，我常向母親提「我很想做……」，我提的，無非就是加入母親正在做的事。現在回想起來，當時母親的允許，並不是一聲「好」的言語答應就可以了，在她說好之後，得耐心教我或解說，這對忙碌的媽媽來說是多麼花費時間的工作。可是，她總是說好，並立刻就動手教我。因為那份回憶太鮮明了，所以，在帶小廚師的活動時，不管我們的時間有多緊張，只要孩子開口對我說：「我想做……」我就好像立刻回到自己的童年，母親那聲「好！」自然地從我口中流利而出。奇

怪的是，說出口的那一刻，再緊再忙的工作節奏，也總是找得出空間來穿插、安置這份歡迎的心意。

四十年轉眼而過，我在童年因為母親的允許與耐心而看到的世界，如今不只沒有變形而且更加穩固。如果有一個詞可以為我轉述其中的種種情愫，我想，它應該可以叫「幸福」。

◆ 孩子，我想教你做出比你自己想像更難的作品，因為我知道你一定可以。

◆每個好大人都可以透過許多小事，為孩子詮釋生命的美好，在他們的心靈裡留下幸福的感覺。

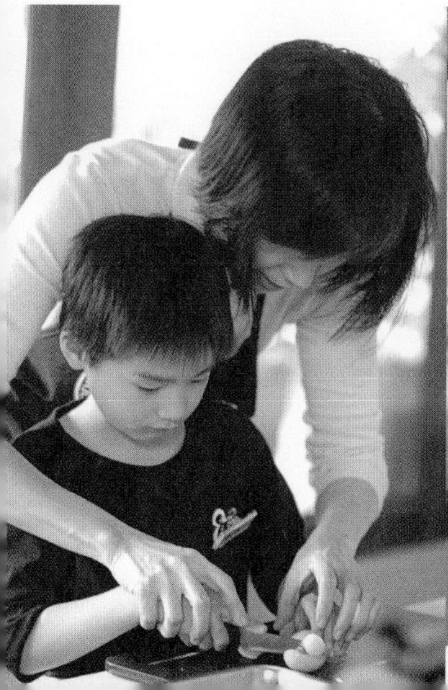

童言童語

我相信孩子真正的可愛之處，
並不在於能與大人一來一往地抬槓或伶牙俐齒地招笑，
而是他們在一片天真中，
表達自己時所吐露的童言童語。

學習從模仿開始，孩子天性擅於模仿，因此常有超出大人想像的驚人之語。不過，我相信孩子真正的可愛之處，並不在於能與大人一來一往地抬槓或伶牙俐齒地招笑，孩子的可愛是他們在一片天真中，表達自己時所吐露的童言童語。

這是一個寒冷的早上，我們的小廚師九點不到，都已紛紛聚集在店的四周到處走動。我們準備妥當，鐵門才一開啟，急切的小朋友就在爸媽的幫忙之下，推開那兩扇非常厚重的門，開心地入內報到。

最後進門的小女孩推門探頭時，我們正忙著在幫每個小朋友尋找長短合適的圍裙。也許是看到這幕景象，那穿著黑色套頭衫，頸繫小絲巾，外罩花式外套的小女孩顯得行色匆匆，很是著急。她的眼神與動作看來都十分敏捷，追在身後的媽媽對著孩子細語輕聲地問道：「嘉惠，妳要不要考慮把背心脫下來？」也許，這個顧全整齊的媽媽已經注意到所有的孩子都穿著黑上衣，於是給了小女孩這樣的提議。

「不考慮，我絕不考慮！」那發自小小身體的洪亮之聲與果決的感覺引我非常好奇，我走過去向她的母親點頭致意，並從她的手中接過孩子。

外套的顏色很活潑，穿在孩子身上的確好看，但我想，她之所以「絕不考慮」的理由，或許是自覺已經有點遲了，就要跟不上班，還談什麼穿與脫的考慮呢！從她的行動與回應中，我完全可以感覺出她是一個非常靈活、行動快速、參與度很高的孩子。

我走過去扶她肩膀時，問了她一個問題：「如果這件外套不脫掉的話，等會兒大家一起工作拍出的照片，只有妳會跟大家都不一樣喔！這樣有沒有關係？」這一刻，她既沒有對我說：「沒關係！完全沒有關係。」也沒有說：「不考慮，我絕不考慮。」我於是趕快掌握機會，馬上把她交到庭宜的手中，低身對她說：「那我們現在請庭宜姐姐帶嘉惠到後面去換衣服。」看著她開心地走到更衣櫃去脫外套，我想起她進門那一刻擔心落隊那情急之下的可愛。此後，我也常借用嘉惠那句「不考慮！絕不考慮！」，說的時候，忍不住笑著想起那充滿活力的一天。

孩子說話引人發笑有好幾種情況，有些是天真得令人愛憐，有些是他們發言時的一本正經讓人忍俊不住。

有一天，大桌上有好幾組小朋友正在忙著備餐，有人切、有人削，兩人合併的一組正在幫我們處理一大盆青菜。她們兩個巧手細心地把分配到的食材都處理好了之後，不禁非常欣賞地看著自己苦心造就的美麗成果，其中一個低嘆一聲跟另一個說：我們兩個真是天才兒童。她說得那樣自信、那麼嚴肅又好玩，我的笑也跟著情不自禁地飛升到臉上。多麼好，能用一盆青菜引出天才兒童的自信，我這老師真是與有榮焉。

我雖然說過不要逗弄孩子，不過，有時候也犯了同樣的毛病而不自知。所以，我知道如果當一個蠢大人，就會有把自己弄到啞口無言的可能。

這一天的小廚師有三對手足，其中一對是兄妹，他們一進門不知為什麼就先來一場拳打腳踢，動作實在快，讓我簡直有些招架不住。我伸手去拉要制止他們的時候，發現算來嬌小，分不出誰長誰幼的兄妹都是大眼睛、長睫毛，長得好可愛。

兩個孩子踢的時候與拍的力道都不像玩笑，但是兩張臉卻笑逐顏開，我於是確定他們應該是經常這樣玩。只是，這玩法似乎過份了，我還是該提醒、提醒他們才好；更何況，餐廳裡到處有危險，萬一是端拿東西或手握工具時忘情地拳打腳踢，那可是一點都開不起的玩笑。

我蹲下身去牽他們的手，問出個子小一點的其實是哥哥，細看之下才覺得他長得跟我的姪子小時候幾乎一模一樣。我繼續又問，那是誰先打人的呢？妹妹指著哥哥，而哥哥也一點都不迴避地點頭招了。我說，那好，先打人的總該說「對不起」

◆看看孩子在爐前泰然自若、掌控全局的模樣，是不是就像個「天才主廚」？

吧。哥哥抿著嘴笑，低聲說了聲對不起。他們道歉時的駕輕就熟引我推想，這種處理應該是家常便飯了，而此刻其實也不適合說任何大道理，或更正確地說，大道理孩子都懂，只是還未認知玩與打之間的差別，或者還沒有找到更好的玩法罷了。所以，我想起我們家那兩隻兔子。因為每個看過我們家兔子的小朋友都很著迷，我就以為可以用兔子來說說他們。

我蹲著平視他們，望著那兩雙滴溜溜的聰明眼睛，先解釋小廚師的工作安全與肢體動作之間的關係。「在這裡絕對不能打來打去喔！這是真的很危險的。」我接著說：「Bubu阿姨家也有兩個姐姐，她們現在二十幾歲，都很大了，可是從小到大，兩個人從不打架的，兄弟姐妹是不應該打架的。」

四周一片寂靜，似乎我的發言引起了同感。

「不過，我們家的兔子卻很愛打架，每次一見面就咬對方，咬得毛滿天飛。」

我再自以為聰明地加了一句：

「如果你們真的喜歡這樣打來打去，等會兒見了爸爸媽媽之後，我可要建議他們也許不要讓你們兩個住在一起，可能更適合跟我們的兔子住喔。」

在這一刻之前，一切都還在我自說自話的「訓誡」掌控中，突然間，一陣輕輕的歡呼聲響起——「耶！我們最喜歡跟兔子住在一起！」

讓我哭笑不得的是，出聲的還不只是兩兄妹，連其他的孩子也對這個提議感到很興奮。我只好在一片小吵雜中給自己搬個樓梯咚咚下台，站直身子，故作鎮定地說：「好了！好了！我們得開始工作了，兔子的事，等一下再討論。」

◆孩子的認真和天真，同樣都令人愛憐，我們的教養任務，就是保存這樣的本性。

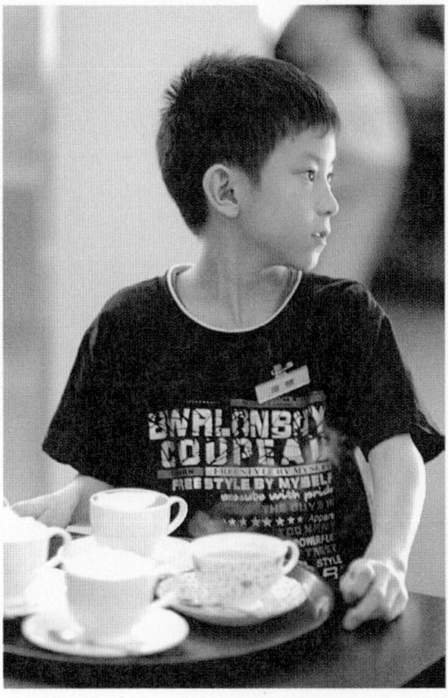

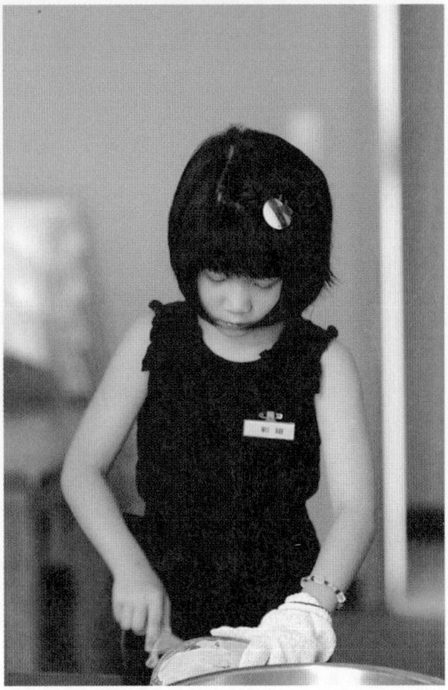

種種可愛

我想在這裡跟小朋友說，
「小廚師」是你們給Bitbit Café最好的一個禮物和紀念。
雖然，只有這麼一次，
但是因為它很珍貴，所以我們永遠不會忘記。

有些小廚師在離開之前會給我一個擁抱。雖然我心裡是很喜歡孩子的，但顧及到每個孩子收放感情的經驗不同，並不是人人都習慣直接、熱情的相處，所以，如果孩子不主動，我也會按捺自己想要更親近他們的心情。

可喜的是，「誠意」總在空氣中自然流動，讓人可以察覺感知。無論是來自孩子無言的凝望或熱烈的擁抱，他們的真情都讓我同樣難忘。

有一次，有位小廚師回家之前過來主動地抱我一下，到現在，她那個擁抱的力度，我還牢牢記在心裡。在她離開那一刻，我才得知她與表妹是從金門遠道而來，難怪在廚房同工的時候，我在問答之間覺得這兩個孩子說話的口音好特別。以後，每當我再聽到金門、馬祖，就會想起那個擁抱，也許，孩子除了對這一天特有的不捨得之外，也有跨海而來的遠地情懷！

因為顧及到每一個孩子都重要，所以，我除了眼觀八方、耳聽四面地注意著整個活動的進行，實在沒有更多的時間與孩子閒聊一下。我們的感情，可以說是一種一起工作、目標清楚的「革命情感」吧！

我有心要對他們好，但是那好是否吻合孩子的期待與經驗，我一點都不自知。我的盡力而為除了身體感到精疲力盡之外，也因為精神飽滿而沒有想過要去確認家長或孩子的反應。我覺得，自己不可能做得更多了，而工作上該改善的，也都次次與伙伴細心檢討。所以，當小米粉有一次跟我說，我去跟家長們談話時，她帶著小朋友做鬆餅當第二次的點心，有一個小主廚一直問她：「要不要做一個給Bubu老師吃？」我竟然別過頭去擦眼淚。孩子想到我，我很高興，雖然五個鐘頭都不吃不喝，我其實一點都不餓的，但是，那盤由他們想到要做給我的鬆餅，我光用想的，都覺得好好吃！

孩子的純真，有時坦然地顯現在表情與動作中，有時吐露在對談的言語裡；當然，我也永遠不會錯失他們編結在文字當中的種種可愛。

有個小朋友在參加小廚師之後寫信告訴我：「我最喜歡調飲料煮咖啡，因為這個加那個就會變成另一種好喝的飲料。可是，我長大了還是最想當檢察官。」我對著卡片笑個不停，在腦中浮現一位很會調飲料的檢察官的俊秀身影。

又有位小朋友在接到我們這封通知信後，寫了一封主旨為「合作愉快」的回函。

◆在坦然處、在羞怯裡，天真可愛永遠藏不住。

親愛的朋友：

謝謝你們耐心的等待，這封信是給廷虹「Bitbit Café小廚師」的邀請通知。

這場小廚師活動與之前有所不同，為慶祝六年級小朋友即將結束國小的學程，踏入另一段重要的旅程，我們特地設計了不一樣的內容。這一次我們所邀請的都是六年級的小朋友，如貴府有另一位手足無法同時參加，請原諒此次活動內容所造成的不便。如果您因此想棄權此次的活動，我們也會將小朋友參加的順序放回原先報名的排序。非常謝謝您的諒解。

廷虹的信不只給我們，也同時給他的父母一份副本。

親愛的Bitbit Café：

您好！謝謝您的邀請，我在五月三十日當天會準時到達，並遵守您所規定的事項。家長和朋友的用餐人數為四人，如有更改或調整會再通知您的。也請您如有任何活動的變更，麻煩再通知我們。謝謝！（第一次參加請多多指教。）

預祝

合作愉快

當我讀到「請多多指教」的時候，不覺從椅子上端起上身，正襟危坐；再看到「合作愉快」四個字的時候，幾乎想對著E-mail鞠躬，說一聲：「彼此、彼此，也請多多指教。」

孩子！孩子！真是多麼可愛。

小米粉曾經跟我說，有個小朋友很擔心地問過她：「等我們回去之後，你們會很快把我們忘了嗎？」

我想在這裡跟小朋友說，「小廚師」是你們給Bitbit Café最好的一個禮物和紀念。雖然，只有這麼一次，但是因為它很珍貴，所以我們永遠不會忘記。

記憶是一股可以存在心裡很久、很久的滋味。等Bubu阿姨更老一點的時候，你們的照片與我們一起同工的感情，會釀成更好、更美的回憶。

我們不會忘記，永遠不會忘記！

◆謝謝所有的小廚師，給了我們一份永遠不會忘記的美好回憶。

美的實作

幾度與玢玢討論這本書的食譜實作如何呈現，我們決定把它分為兩部分，並以對孩子訴說的角度，來分享其中的知識、操作方法與趣味。

雖說是以寫給孩子的角度，但我在文字中提醒孩子何時該尋求幫助，最主要的期待還是希望與父母一起學習「協助」兩個字的意義——該幫助的，我們願意支援；可以放手的，主動給予機會。

孩子需要非常完整的經驗，以領會工作的進行與邏輯，即使是很小的成就感，也需要「完整性」才能顯現其中的真實與珍貴。

十份散亂、片斷的經驗比不上一份從頭到尾自己動手做的完整過程。不要等長大才來罵他們沒有邏輯、顧前不顧後，只要你願意挑選其中一樣食譜，以家中已有的條件來支援孩子，鼓勵他們好好思考、好好完成，我相信這些食譜將不再只是好玩，而是功課知識上的回應，也會是一份有用的學習。

食譜中的第一部分，是小廚師在工作現場中的留照，這些記錄可以幫助大家看到，在有效資源的協助下，孩子當然可以得到更高階的完成經驗。無論他們的年齡是多大，真正產生讓人驚喜成果的條件是「允許」，所以，如果你願意協助孩子，在家裡一樣能創作這樣的喜悅。

第二部分的食譜，內容偏重在屬於孩子的小小樂趣，希望因為支援的條件少而引發更大的行動力。也希望小朋友在做的同時，有更多的機會能了解生活常識，並體會認真投入工作時的快樂。

【實作分享1】

做菜就像蓋房子一樣

去皮的蘋果有典雅溫柔的乳白色，現煮的泰國活蝦剝殼後艷麗鮮紅，再加上紫色的蘿拉與陽光萵苣飽滿的綠色，這一盤沙拉不只帶給客人春天的酸甜，我們的小廚師也在擺盤之時充分吸收了天然食材給予的顏色靈感。

當他們自己決定要把這沙拉以金字塔形矗立盤中的樣貌來呈現的時候，得同時考慮並練習食材應該如何彼此依靠、支撐才不致倒塌；這，算不算是一種很好的「力學」體會呢？

鮮蝦沙拉

食材準備〈4人份〉

蘋果1顆
泰國蝦4隻
美生菜或蘿蔓心1/4顆
陽光萵苣
蘿拉生菜
小茴香
橄欖油
紅酒醋或水果醋
糖

作法

1 先把沙拉的淋醬做起來：
把醋和橄欖油以一比一的比例調和。加一點點糖，嚐嚐看是自己喜歡的味道嗎？如果你不懂一比一是什麼意思，一定要問問爸爸媽媽，先弄清楚後再動手。

2 把蘋果削皮切丁，一切開就泡在薄鹽水中，以防止多酚類氧化後的變色。

3 把生菜都洗乾淨了，用手撕成你自己喜歡的大小。

4 先決定你要用哪一個盤子擺放你的沙拉，再決定你的造型。你需要想一想的是：軟的菜葉如果壓在下面，可能就無法展現它輕盈好看的樣子了，所以在淋上醬汁之前，你可以試試幾種自己設計的造型，反正，如果不滿意是可以拆掉重來的。不過，你在做這些料理之前，手一定要洗得非常乾淨，而且，要注意工作中的衛生。

5 做好的沙拉可以先冰過再上桌，要吃之前淋上醬，馬上淋馬上吃，菜才不會軟掉。

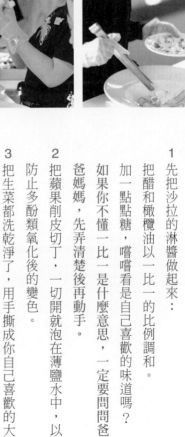

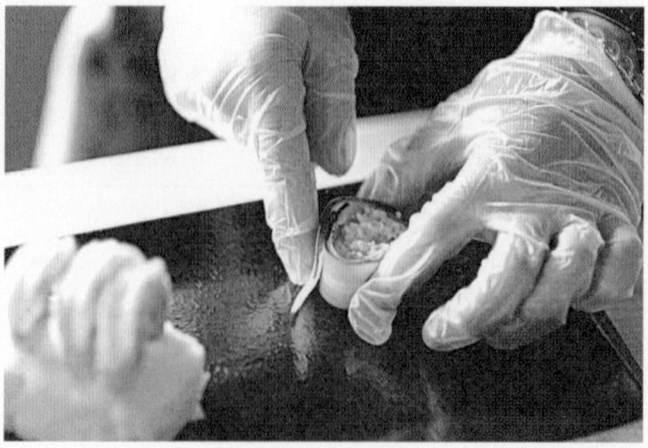

在這一則食譜的分享中，小朋友一定看到小廚師自己做出來的沙拉真是太漂亮了！雖然他們都是第一次動手，第一次聽到做菜跟蓋房子、堆積木一樣的想法，但是因為了解「力」的問題，每一批的小朋友都能把一盤盤沙拉做得精美無比，而且每一次都做得不一樣。

讓我們來看看他們工作中的認真神情，還有做出來的各種擺盤。你一定注意到了，在一盤食物中，有顏色的彼此襯托，有形狀的變化，有食物的清潔感，還有食物與餐具之間的搭配；這跟你在畫畫或美勞課裡的考慮是不是很相近？嗯……，唯一的不同是，這份美勞作品是可以放進口中、吃下肚的呢！

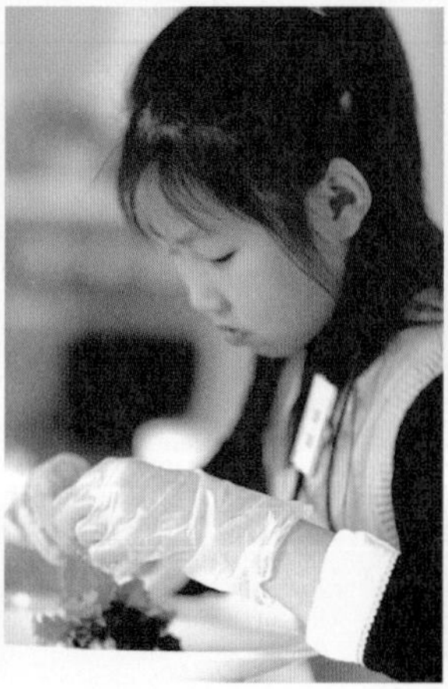

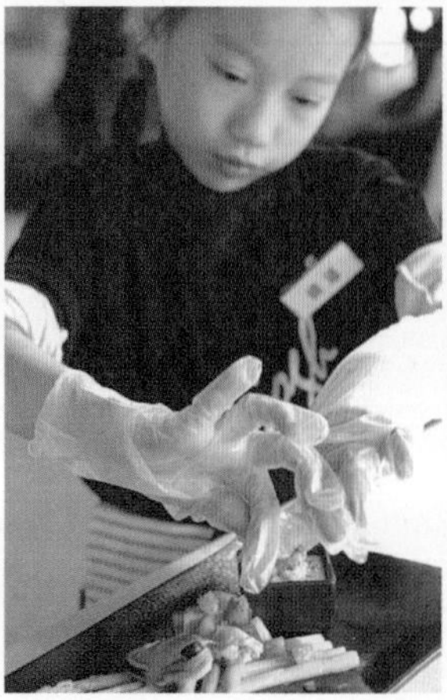

【實作分享2】

靜靜聽，認真看，專心做

親愛的小朋友，有很多工作你本來以為不會的，一動手之後才發現，自己竟然能做得那麼好。Bubu阿姨帶過好多小廚師，沒有一個小朋友學不會我們所教給他們的工作，但是，真的有一些小朋友會學得特別快、特別好。你想知道我從他們身上看到哪些相同的地方嗎？

靜靜聽方法說明：這些小朋友都不會在我們教到一半的時候就搶著說：「啊！我知道了！我知道了！」他們安靜是因為精神很集中，專心在聽我們教他們的事，即使其中有些方法他已經學過。

認真看示範動作：我發現認真聽說明的小朋友，眼睛也會很注意示範的動作。我相信他們都是一邊看一邊同時在想與記，所以等工作交到他們手中時，很少有做不好的。

問好問題：懂得聽話跟懂得問問題都是要學習的。有些小朋友不管聽到什麼，馬上就問：「為什麼？」這其實並不是好習慣。比如說，Bubu阿姨請小朋友不要隨便打人或要把東西放好，這個時候如果問：「為什麼？」就不是好問題，本來已經知道的事不應該只為問而問。把工作學得很好的小朋友，提問題總是很清楚。他們的問題都與工作有關係，而不是為了笑鬧。他們一定在想，要怎麼把事情做得更好，所以，教導的人回答時也會感到特別快樂。

接下來的例子是小廚師在綁雞捲與刻蘑菇花的工作照片，看一看，小朋友做得多麼好！

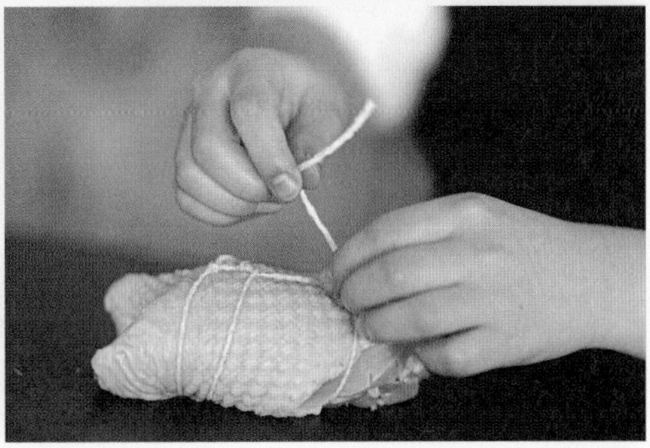

綁雞捲

這幾個小女生雖然只是二、三年級，但是她們把去掉骨頭的雞腿綁成一個個結實的圓柱狀的手藝，一點都不比大人差。就像Bubu阿姨在前面說的，先認真聽取工作需要的方法，再專心練習，每一個小朋友都可以完成困難的任務。

下一次，如果你遇到一件自己覺得無法做好的事，學學他們，先靜下來，「靜下來」是最有幫助的。

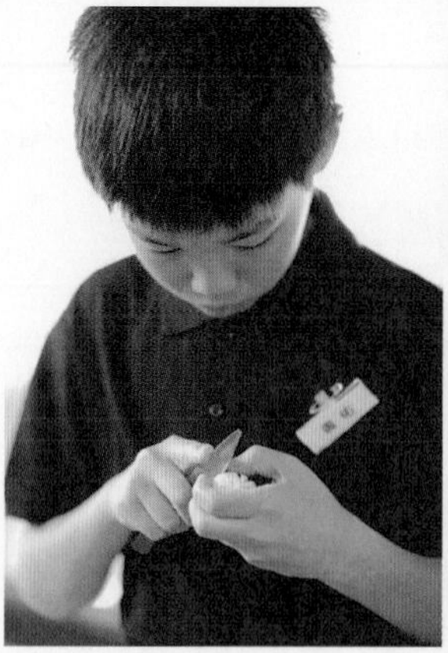

刻磨菇

蘑菇長得很可愛也很好吃，它會不會讓你想起那群居住在很遙遠、很小的蘑菇村裡的藍色小精靈？他們穿著白衣白帽、大概像三顆蘋果疊起來那麼高，講著彼此才懂得的語言，過著無憂無慮的生活。

蘑菇常常出現在西餐裡，但這麼講究的蘑菇花卻不是每一家餐廳都會費心製作的。我們的小廚師手很巧、心很細，今天他們放下大菜刀、拿起小小的尖刀，一個紋路、一個細溝，慢慢把一顆顆蘑菇都刻成好看的花。

你們看看，這些蘑菇刻花之後，看起來又不像蘑菇了，它是不是更像俄羅斯首都莫斯科最美麗的教堂聖巴索的屋頂？小朋友，你要不要現在就去翻翻書或上網查查那些好漂亮、用馬賽克拼鑲出來、像童話城堡的屋頂，我想知道，你覺得它們到底比較像洋蔥，還是像我們小廚師手裡刻出來的蘑菇花？

準備工作

小尖刀1把、蘑菇1盒

作法

1 在蘑菇的頂上找出一個中心點。

2 每一刀左右會合切出「V」型的溝，所有的刻痕都往中心點集中。只要每一個溝彼此之間的距離都抓得均衡，蘑菇花刻出來就會很好看。不要忘記，蘑菇是很輕的，下刀的時候千萬不要太用力。

【實作分享3】

用擺盤為主菜加分

Bubu 阿姨第一次教小朋友做主菜盤中的配菜時，小朋友才發現，顏色原來這麼重要、可以造成這麼多的變化。

Bubu 阿姨請小朋友把一個大黃瓜圓片、一片三角形的黃椒和一片紅椒用牙籤串起來，讓他們在白色的大盤子裡能各自露出好看的顏色。小朋友真正動手的時候才發現，看著別人做都很容易，自己做的時候可得好好想一想。

明明只有三個顏色，但排列一不同，感覺就不同。也因為這樣，自己動手做了，才能進步。

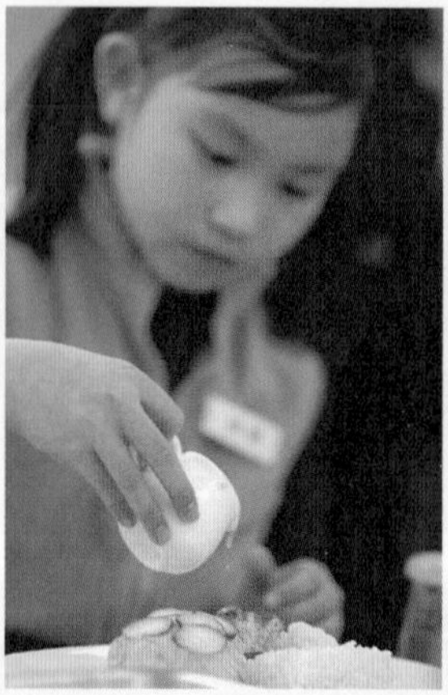

{羊排與蘋果的支撐}

{蔥油雞的疊高}

{豬肋排要怎麼疊才不會垮}

{雞腿的醬要怎麼淋，蔬菜怎麼放才漂亮}

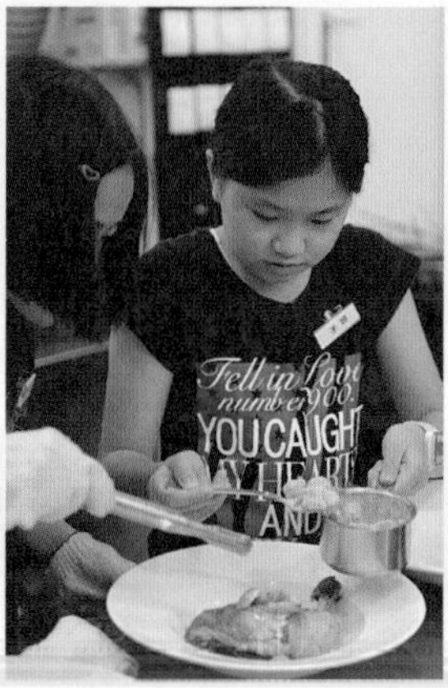

{蝦如何掛在鮭魚捲上，和青菜之間怎麼強調出色彩關係}

【實作分享4】
甜點與快樂

吃完一餐飯之後上甜點，是大家都期待的美好結束。

好的甜點除了味道的美妙與平衡之外，還應該有讓人一看就感到快樂的條件。所以，甜點怎麼擺放，是充滿想像、可以自由發揮的。

要把東西擺得很漂亮，不一定要買新的盤子或杯子，試試看把家裡有的容器拿出來好好使用。比如說，如果用玻璃杯裝甜點，透明的容器讓不同的顏色一一顯露出來，只要細心安排，就能讓人眼睛一亮。

那麼，玻璃杯難道就只能裝飲料或裝甜點嗎？不！如果你拿它來裝沙拉也很好看呢！也許你沒有想過，拿爸爸媽媽喝咖啡的杯子來裝沙拉又是另一種感覺。總之，不要讓器具限制了你的創作。

現在，我們來看看小廚師曾經在飯後為甜點創作出多少不同的驚喜，他們的美感是不是也能得到你的讚美呢？在這個分享中，Bubu阿姨要跟小朋友介紹一個巧克力蛋糕的配方與作法，小廚師們也要以現場裝飾蛋糕的照片，跟你分享「變化」這兩個字的意義。

這些蛋糕是一樣的巧克力蛋糕，但是如果烤的模具不同、疊起來或單獨一個，看起來當然就不一樣。

即使是樣子相同的蛋糕，如果裝飾的材料不同，裝飾的時候，每個人又有自己的眼光，那麼，透過我們的思考與雙手所產生的變化，蛋糕就一層層地改變了原本的樣子。

巧克力蛋糕

材料

可可粉1又1/2杯
砂糖1又1/2杯
中筋麵粉1又1/4杯
泡打粉2.5茶匙
小蘇打粉1.5茶匙
鹽1/2茶匙
優格1又1/4杯
香草精2.5小匙
咖啡1杯
奶油84克
全蛋3顆

準備順序

量好所有的材料之後，先把烤箱定在170度預熱，再動手拌材料。

A 把1～6的材料混合過篩。
B 奶油放入熱咖啡中融化待用。
C 把優格、蛋與香草精調勻。

作法

1 把上面所說的B與C的液狀材料，分兩次調入A的粉狀材料中，倒入烤盤烤20分鐘左右。

2 蛋糕會膨脹約兩倍，因此你可以用麵糊的量來預估自己所要用的容器。烘烤所需的時間當然也會因為烤箱大小而有所不同。

3 用一根細棒或探針深入蛋糕的最中間，如果取出時非常乾淨、完全沒有沾黏，就代表蛋糕熟了，千萬不要烤過頭。

（小朋友的裝飾）

{Bubu阿姨的裝飾}

【實作分享5】

責任、辛苦與好吃

Bubu 阿姨在這裡要特地介紹一種麵包的做法，是因為有好多小廚師嚐過之後都跟我說：「好好吃！好好吃！」

大家都知道小廚師其實好辛苦，他們一進門就開始工作，不管幾年級、也不管工作是什麼，大家都馬不停蹄地準備著十二點半客人到達之後要吃的所有食物。

忙完準備工作，小朋友常常只有二十分鐘可以吃飯，但是，大家都很興奮也很緊張，即使早上忙過兩個半小時了，小朋友還不餓，通常都吃得很少，只等著要開始下一個迎接客人或料理食物的工作。

店一開，點餐、做菜、送菜、收拾、清理，大家更忙了，兩個多鐘頭一下過完了，這時，有些小朋友才開始覺得有點餓。有幾次，我們剛好烤了佛卡夏麵包，小朋友拿起來吃的時候，每個人的眼睛都閃著驚奇的亮光跟我說：「好好吃喔！」讓 Bubu 阿姨覺得好開心！

這種麵包是真的很好吃，不過，小廚師們感覺美味的表情中，應該也有一部分的原因，是辛勤工作之後的飢餓與快樂吧！

佛卡夏麵包（Focaccia）

材料

高筋麵粉5又1/2杯
冷水2又1/2杯
白糖2大匙又1小匙
鹽2小匙
酵母粉7克
橄欖油10大匙
粗鹽少許（麵包表面用）

器具

大盆2個、烤箱、烤盤、烘焙紙

作法

1 準備一個大碗，把麵粉、水、鹽、糖與酵母粉均勻混合。攪拌後稍等5分鐘，再繼續揉拌感覺很黏的麵團約3分鐘，一邊揉，一邊轉動你的容器。然後放著，等麵團脹成兩倍大。（需要的時間視天氣狀況從40分鐘到2小時不等）

2 在另一個可以容納兩倍麵團的容器中倒入1大匙橄欖油，讓油均勻依附在容器表面，再把麵團移到有油的容器中，翻轉麵團。拉開麵團，再折疊回去，拉疊共做四次。灑上一大匙的油在麵團表面，再把整個麵團翻過來，然後用保鮮膜蓋起來，放入冰箱一夜或至少8～10個鐘頭。

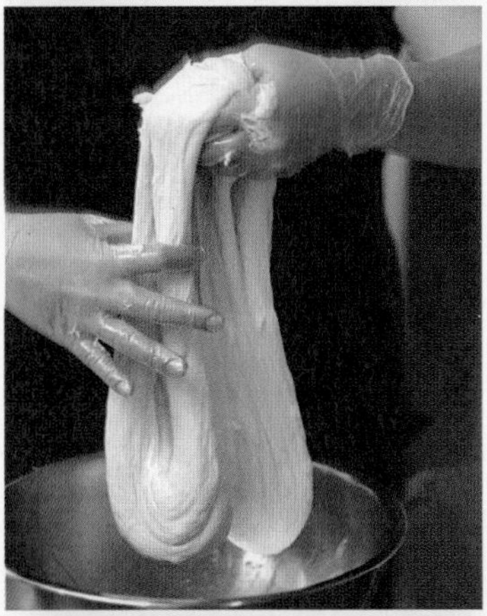

3 從冰箱拿出麵團。先在烤盤上墊好烘焙紙，紙上倒入2大匙的油，然後把麵團移到烤盤。此時麵團仍然很黏，不要擔心它在烤盤上不易整型，讓它自然流動。（因為在進入烤箱前還要再擱3個小時；如果天氣很熱，約2小時。）

4 先在麵團上倒上2大匙的油，用手指戳出幾個洞，你會發現此時戳出的洞並不容易固定，但別擔心，油會順勢找到它的去處。

5 20分鐘之後，再倒入兩大匙的油，再戳一次洞。這時你會發現，麵團已經流動到更大的範圍。千萬別費力去把麵團拉到烤盤邊，這會破壞它的膨脹結構。完成發酵後、進烤箱前，你自然會看到它是滿到烤盤邊緣的。

6 確定麵團上有一層均勻的油之後，蓋上保鮮膜，等待麵團膨脹成原來尺寸的一倍半，再進烤箱。膨脹到理想程度所需的時間，視天氣的冷暖而有不同，通常在2～3個小時之間會完成。

7 準備烤麵包的20分鐘前，記得用240度預熱烤箱。麵團進烤箱前掀起保鮮膜，灑上一些粗鹽，把烤盤放在爐中間，烤箱回轉成220度，烤15分鐘。

8 調換烤盤的方向，會使這麼大盤的麵包受熱更均勻些，轉方向後再烤7分鐘，檢查麵包是否熟了。檢查的方法很簡單，看看邊緣與底部是否有漂亮的金黃色，此時，麵包表面應該是非常好看的棕金色，而且很酥脆。

9 準備好可以放置麵包待涼的架子。拿出麵包放在架上。如果發現底部的烘焙紙上有殘存的油，把它貼上麵包的表面，讓表層吸去所剩的油。

10 等20分鐘涼了之後再切，如果要趁熱吃，剪刀會是更理想的工具。

2

3

4

◘ 作法

1 瓶子洗乾淨完全晾乾或擦乾後，在瓶中倒上半瓶量的鮮奶油，不能太滿，否則沒有空間可以搖動。

2 上下輕輕晃動你的瓶子，如果手酸了，停一下休息片刻沒有關係。

3 不要懷疑地搖到瓶中的奶油從一片黏稠的糊狀分離出一塊奶油，和所剩的一些比牛奶清盈的脫脂奶。

4 把牛奶輕輕倒出後，再用另一個盤子裝盛你的手工奶油。

5 邀請你的家人一起坐下來好好享受那鬆鬆軟軟、非常自然好吃的手工奶油！

來！我們也來試試看

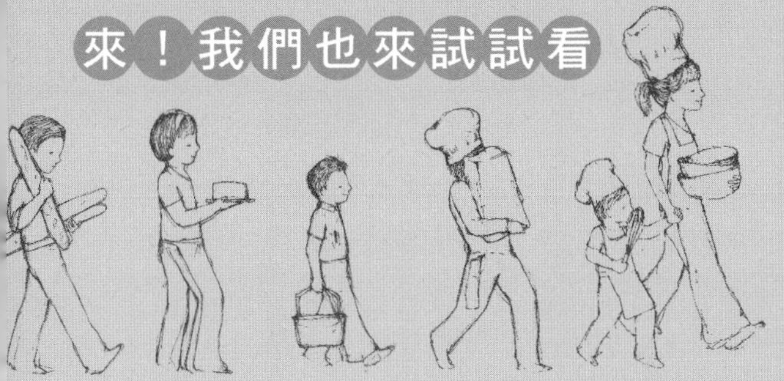

搖出來的魔術：手工奶油

親愛的小朋友，你可曾想過，奶油可以在家自己製作？如果有人真的把半瓶裝了鮮奶油的玻璃瓶交給你，告訴你說，只要搖動，等一下就會掉出一塊好好吃的奶油，你會相信嗎？

嗯……最好你不信，因為，不相信的事就一定要自己做做看，證明不是如他所說，才能辯論真假，對不對？不過，在你還沒有決定要不要動手之前，Bubu阿姨說個故事給你聽，這是我學會做手工奶油的原因。

四年前，當我還住在新加坡的時候，樓上鄰居住著一個名叫Vivian的小女孩。

Vivian很可愛，是新加坡美國學校四年級的小朋友。有一天她敲敲我的門，手裡拿著一份報告，問我能不能跟她一起做完這份功課。原來，四年級的歷史課正在講美國移民的生活故事，從一六二〇年五月花號抵達新大陸開始介紹美國的歷史。為了讓小朋友們知道當時的移民是如何用手工攪動的方法製作奶油，老師設計了一份功課，要他們自己也試著做做手工奶油。

那天下午，我跟Vivian照著老師寫在講義上的方法，搖出一塊奶油時，我們兩個忍不住開心地尖叫了起來，在原地轉了好幾個圈。然後，我們決定打開一條餅干，一口口把自己搖出的奶油全吃到肚子裡去。「真是一點都不輸給萊佛士飯店裡供應的手工奶油！」我們相視而笑之後得到這樣的結論，好得意！

◘ 材料

- 一個蓋子緊密、可以搖動的罐子，口不能太小，要不然，搖成的奶油會倒不出來。
- 在超市買一小瓶動物性鮮奶油。

1

平常如果不要亂買零食，假日請爸爸媽媽跟你做幾根棒棒糖放在冰箱或罐子裡，或許他們也會跟你一樣，覺得開心又有趣。特別是在聖誕節的時候，或在你自己的生日會，不用花錢買禮物，自己做一些形狀可愛的棒棒糖，可以把它當成掛飾或禮物送給你的朋友。

◘ 材料

糖粉、棒子（糖粉可以在超市買到整包的，或去市場的雜貨店稱斤買。半斤的糖粉就可以做很多支棒棒糖了。糖粉是用白糖磨成的細粉，裡面有時也會添加很少量的玉米澱粉。）

1 2 3 4

◘ 作法

1 先在一個平盤中墊一張烘焙紙或鋁箔紙，把棒棒彼此拉開距離排好。

2 把糖粉倒在一只小鍋子裡，用小火慢慢加熱，直到它融成漂亮的金咖啡色。一定要注意，這個時候的糖可是比滾水溫度還高，要小心，不要被燙到。

3 把糖放到棒子的上半中心，想要什麼形狀，就在舀的過程中以畫畫的方式完成。千萬不可以用手去摸糖，要記得那是滾燙的。

4 如果要為它加上嘴巴或眼睛，在糖還沒有變涼、完全凝固之前就輕輕壓上。

5 如果你的糖還沒有完全做好，但鍋裡的糖已經硬了，請媽媽再用小小火為你回溫。

嘴甜心也甜的禮物：棒棒糖

棒棒糖不像其他的糖果，得一次放進嘴裡。就算那糖化得很慢吧，媽媽應該也不會准你用手把糖拿進拿出，看看在嘴裡慢慢變形的糖，到底一步步變成什麼樣子。可是棒棒糖是不一樣的。

不管那根棒棒是冰棒棍、塑料棒或像Bubu阿姨用的這些「肉桂棒」，慢慢吃著、吃著的時候，如果想拿起來看看，既方便又沒有衛生的問題。

2

◘ 材料

桑椹泥50克

甜味醃漬梅或酒梅

白糖60克

水250cc

甜味酒或白酒50cc（這是給爸爸媽媽的配方）

◘ 作法

1 溶化糖水之後加入果泥、梅子（與酒），均勻攪拌後仔細封住容器的口再放入冷凍庫，以免混雜冰箱的異味。

2 每隔1個小時，攪拌部分已經結成固體的冰沙，觀察容器的量與冰箱可供應的冷度，到底是深一點的盆子結得比較快，還是寬一點的結得比較快。來回幾次之後，你的冰沙已經完全凝結，再盛入杯中馬上食用。（杯子如果冰過，當然會更好，為什麼？）

同樣的作法，你也可以更換其他的材料，例如：

- 水蜜桃泥加水蜜桃粗果粒
- 切碎的羅勒與檸檬
- 巧克力牛奶或紅豆牛奶

夏天的好朋友：水果冰沙

天氣熱的時候，誰不喜歡在飯後吃一些冰冰涼涼的甜點呢？Bubu阿姨小時候，媽媽因為要管一個工廠，每天都有做不完的事，但她總是利用工作之間的空檔或難得的休假日帶我們一起準備點心；我最記得夏天裝在拉鍊袋裡的紅豆冰和放在好看碗裡的水果冰沙。

這個冰品的作法很簡單，但需要耐心。你會發現，自己做的食物，因為慢慢看著它成形，吃起來的味道就是跟外面方便買到的現成品不大一樣，因為它會有你自己製作時的用心，還會有你等待時慢慢加進去的感情。

做這份冰品會使你了解，把部份凝結的冰經過攪拌之後再度冷凍，它的質感跟直接凍成硬硬的冰棒不一樣。

做的時候，用你的眼睛觀察為什麼它被叫做「冰沙」；嚐的時候，記得好好體會並分辨，它與冰棒有何不同。

甜美的分享：焦糖烤布丁

親愛的小朋友，你喜歡吃布丁嗎？也許媽媽曾經帶你在超級市場買過布丁粉，把布丁粉用熱水調一調，放在冰箱中凝固了就可以吃。這當然是一種布丁，但是你也可以請媽媽帶你試試看Bubu阿姨要介紹的另一種布丁作法。

使布丁凝固最主要的材料是「雞蛋」裡的蛋白質，所以，它其實可以說是西方人的「甜蒸蛋」。如果媽媽把蛋打一打，加上兩倍的水調勻過濾，再放到電鍋裡去蒸，就能為你做成一碗好吃的蒸蛋。現在，我們來看看習慣吃牛奶、鮮奶油的歐洲人，又是怎麼來料理他們的雞蛋點心。

▫ 材料與份量

〔完成份量〕約24個

〔焦糖部分〕糖100克、水60cc

〔布丁體部分〕A：全蛋7顆、糖130克、香草精15cc

B：動物性鮮奶油220cc、鮮奶1000cc

1

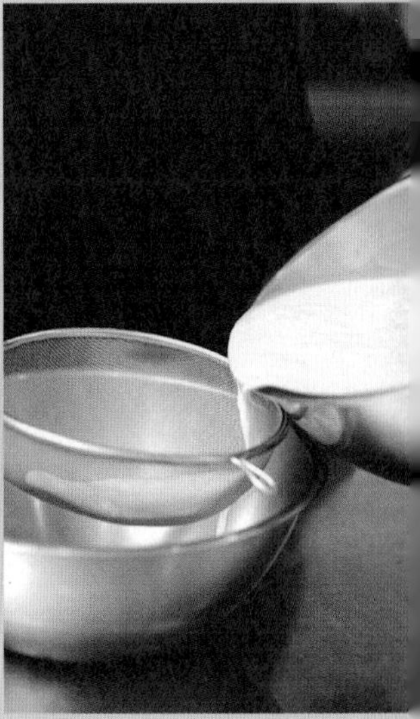

2

▫ 作法

1 把糖水煮到焦糖化，馬上倒入模型中。

2 把材料A攪拌均勻待用，B混合攪拌煮至攝氏70度（如果你沒有溫度計，可以以表面結皮為判斷），將B攪拌入A中。

3 將蛋奶汁倒入模型中隔水加熱烤熟。

4 烤盤墊紙，倒沸水入烤盤中，再放上布丁進爐。以150度烤30～35分鐘。

3 水開了之後如果立刻關火，泡12分鐘，這時蛋白會凝固，但是蛋黃是流狀的（見右上圖）。

水開了之後繼續煮滾2分鐘就撈起，這樣的蛋黃是半凝固的。

如果滾2分鐘先不撈起來，繼續再泡5分鐘，那蛋黃就會有沙沙的感覺，完全凝固卻不會太硬（見右中圖）。

親愛的小朋友，雞蛋裡有小雞孵化所需要的一切養分。蛋黃和蛋白中間有一條像繩索一樣交扭的細線叫做「卵繫帶」。Bubu阿姨在打開這個白煮蛋的時候，剛剛好看到一條清楚的卵繫帶（見右下圖），特地拍下照片跟你們分享。

卵繫帶這條繩子很有用，它幫助蛋黃能固定在蛋殼的尾端，還可以使蛋黃懸浮在雞蛋的中央旋轉，這使得小雞在蛋中孵育的時候得到很好的保護，免得一下就去撞到蛋殼，那可就像小嬰兒去撞到床邊一樣的危險。

為什麼你並不是每次都能清楚地看到這條卵繫帶？因為當蛋白煮到很熟的時候，蛋內不同層、或濃或稀的蛋白質，都已經全部凝結成一片，很難清楚地被分辨出來。

為家人做早餐：白煮蛋

如果平常上學日都是媽媽幫你把早餐準備好再叫你起床，那找一天假日，換你為家人煮個好吃的白煮蛋當早餐。

做白煮蛋很簡單，Bubu阿姨要告訴你怎麼把蛋黃煮出自己喜歡的熟度。要掌握一件事就必須先了解它的各種變化，希望細讀Bubu阿姨整理的資料，可以幫助你了解時間與加熱的問題。

雞蛋是一個球中球，分為蛋白和蛋黃兩個部分，對人類來說是非常有營養價值的食物。雞蛋如果經過加熱的處理，我們吃的時候就不擔心安全，因為烹煮可以殺菌，而我們最怕的情況是雞蛋聚集了沙門氏菌。

如果用攝氏70度的溫度持續煮雞蛋1分鐘，或以攝氏60度持續煮5分鐘，沙門氏菌可以完全被殺滅，我們就能放心食用。

這是給你的時間參考，你可以對照右頁圖片中蛋黃的熟度，來決定烹煮時間。

◘ 材料

蛋、蛋杯

◘ 作法

1 把常溫的蛋洗完後，先放入鍋中再放水，水要高過蛋的表面。放蛋的時候要輕輕地觸到鍋底，才不會因為用力讓蛋殼裂開。蛋殼一裂開，煮的時候蛋白就會滲出來。

2 從冷水就開始煮蛋，為了讓溫度均勻，在水滾起之前，每隔一兩分鐘就用湯匙輕輕地攪動一下，這樣蛋黃凝固的位置才會在蛋的中間。

想要，就動手做：蛋杯

看過前面的白煮蛋之後，也許你的心裡有一點小小的失望，想要跟媽媽抱怨：「我們家又沒有蛋杯，我們要怎麼把白煮蛋擺得漂漂亮亮的呢？」

Bubu阿姨建議你，先不要說這些失望的話！如果我們要把生活過得很有趣，就是不斷地、不斷地想辦法。

Bubu阿姨比你們大三十幾歲或四十歲，那時候我的家鄉「台東縣成功鎮」，連最熱鬧的大街上也沒有太多的東西可以買。所以，如果我們想要什麼有趣的東西，得盡可能地想辦法，自己動手做一個。

這兩個紙做的蛋杯也許可以給你一些聯想。為了讓它的底座更穩一些、樣子更好看一點。小米粉阿姨跟Bubu阿姨討論之後，決定把紙的下層剪出一點鬚鬚，這樣，整個杯底因為比較柔軟而能調整和桌面的貼合。

蛋是有重量的，為了讓這個蛋杯能托得住蛋的重量，我們用的是比較厚的紙，而且用兩層。從這個想法裡，你也一定推想得到，折疊可以增加紙張的厚度。當然，如果你想在蛋杯上畫出美麗的圖案或加上讓人看了食慾大增的顏色，那麼，先畫好再圈黏成圓形，或圈好再畫，是不大一樣的做法。

聰明的你，好好想過之後就可以動手了喔！

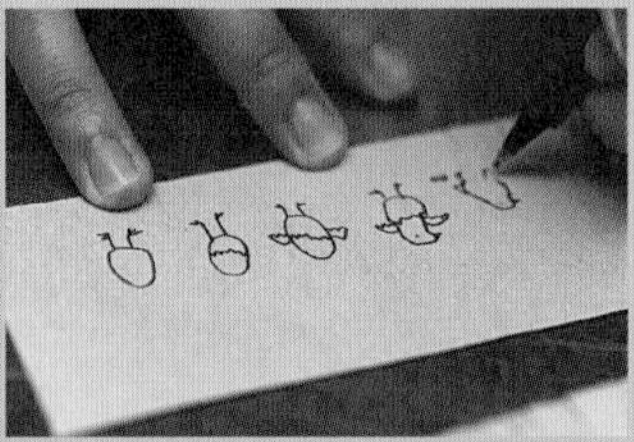

◘ 作法

1 把烤箱預熱在120度。

2 先把烘焙紙準備好，墊在烤盤上。

3 把一個盆子洗乾淨，不要有任何的油，因為脂肪會使蛋白不能成功打發。

4 分開蛋白蛋黃時，也要注意別弄破蛋黃，因為蛋黃有油脂。

5 在蛋白中加一點點醋會讓蛋白比較容易打發。開打蛋器的時候要從低速打起，再慢慢增加速度，你會看到蛋白一直在變化，漸漸像棉花糖一樣。如果它看起來已經全部都很白，而且很容易固定形狀的感覺，就已經達到發泡的階段。這個時候，即使你把整個盆子都倒過來，蛋白也絕不會掉下來（見右圖）。

5

6

6 接著把糖分成幾次加入蛋白中，每加一次，就直接用高速打勻，但不要打太久，散去就好。等所有的糖都加完後，再用高速繼續打一下。這時，你會看到蛋白變得很光滑也很濃稠，打蛋器打過的地方紋路很容易留下來。如果把打蛋器沾一點蛋白朝上，會跟照片中一樣，尖尖的頂端挺挺地站住。

7 用兩隻湯匙挖出一顆顆像半顆雞蛋大的蛋白糖泥，前後左右都留大約2公分的距離。

8 進烤箱時記得放在最底層，否則糖不能保持雪白的顏色，因為糖很容易焦化成金黃色。先設定1小時，關掉開關後先不要拿出糖，等半個小時再拿出來，讓糖在烤箱中慢慢再烘乾一點會更好吃。

總共需要一個半小時呢！小朋友，你會記得你的烤箱在烤蛋白糖嗎？

還是你會把它烤成「被遺忘的餅干」了呢？

不會「遺忘」的味道：蛋白糖

在英文中，蛋白糖Meringue有一個很可愛的別名叫做「被遺忘的餅干」（Forgotten Cookies）。Bubu阿姨先不告訴你們這個名字的由來，等看完作法，再想想看，也許你自己會想出它為什麼被遺忘的原因。當然，那絕對不是因為蛋白糖不夠好吃，吃完讓你想要趕快把它忘掉。事實上，到目前為止，吃過的小朋友，還沒有一個人說它不好吃呢！

蛋白糖因為顏色雪白，所以，在另一種很有名的蛋糕「蒙白朗」上層，它的顏色代表的是層層的積雪。「蒙白朗」是「白朗峰Mont Blanc」的音譯，如果你查一查字典，就會知道這座海拔4807公尺的山是非常、非常有名的，所以，它是哪一國的名點心呢？

我們先不急著做「蒙白朗」，因為它需要栗子泥和蛋糕，但是，只要爸爸媽媽願意幫你一下，你就可以自己做出很棒的蛋白糖。

◘ 材料

細白砂糖、蛋白、白醋或檸檬汁、烘焙紙

◘ 工具

電動打蛋器、盆子與烤箱

◘ 計算

在決定用要幾個蛋做蛋白糖之前，我們得先算一算。每一顆蛋白如果成功的打發，可以變成八倍的體積，所以，如果你的每一顆糖要烤成像一個蛋白那麼大的話，用一顆蛋白可以做成8個糖。那麼，如果你想做24個糖，應該用幾顆蛋白呢？糖的準備份量也很容易計算，每一顆蛋白要配40克的細白砂糖。

1

2

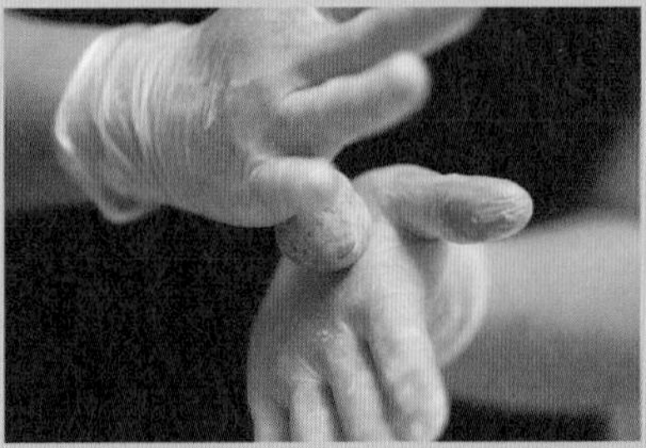

■ 材料

烤好的番薯或煮好的芋泥或紅豆泥。

當然，也可以用兩種材料，做成夾心口味、或是顏色不規則地混在一起的好看茶巾絞。

■ 作法

1 把番薯或芋頭都壓成泥（現在超商都有賣烤番薯，很容易就可以試試這樣的作法）。

2 撕一張保潔膜，把材料放在保潔膜的中間，如果要夾心，就像照片中你所看到的那樣，先把其中一種材料揉成圓形。

3 把保潔膜的每一個角都拉到同一個中心點，把材料扭成一個球狀，輕輕打開，讓紋路很清楚地留著。

4 也許你沒有想過，地瓜皮也可以用來裝飾！照片中那個咖啡色，看起來像「水果蒂」的，就是用地瓜皮做的喔！

3

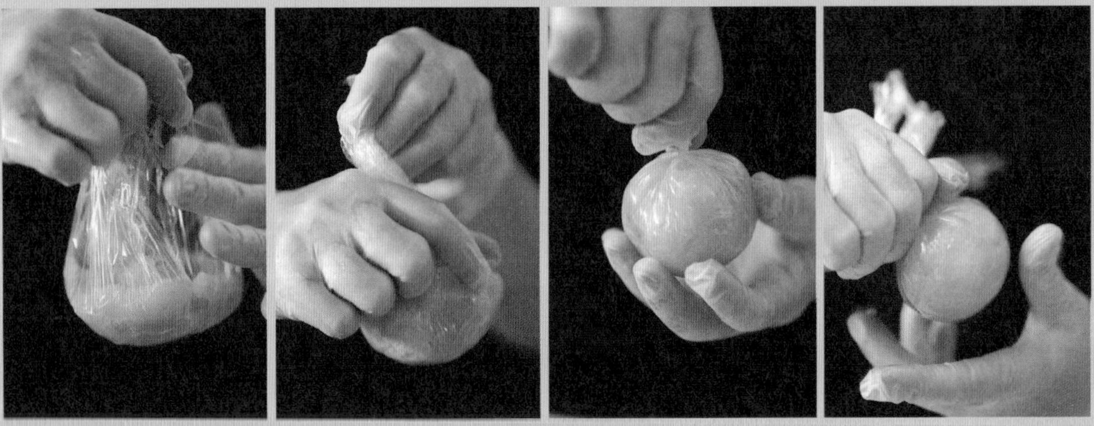

漂亮的好「手」藝：甜薯茶巾絞

茶巾原是日本人茶道中用來擦拭茶碗的布，到現在「茶巾絞」已經變成一種料理的處理方法了。把食物放在茶巾的中央，用扭絞的方法做出漂亮清楚的紋路，無論是甜點或料理，都很受歡迎。

Bubu阿姨特別要跟大家分享這個方法，是因為在帶小廚師的時候，我發現小朋友的小小手能扭出比大人更漂亮的「茶巾絞」；又因為現在家家戶戶都有保潔膜，所以，即使沒有茶巾或甜點的材料，只用白飯，你也可以練習做出幾個讓自己感到開心的茶巾絞。

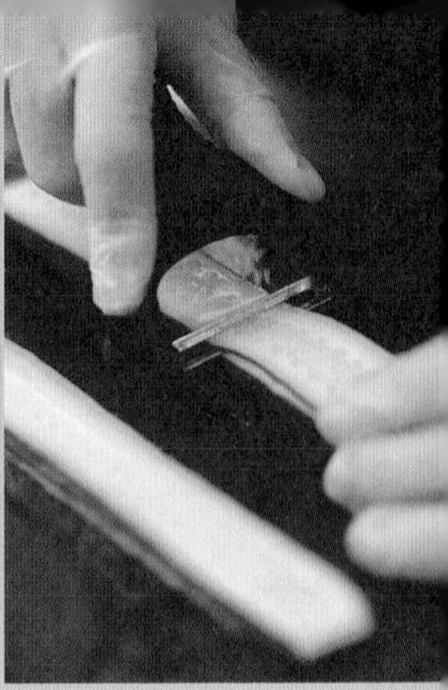

▢ 材料

馬鈴薯、美奶滋、小黃瓜

▢ 作法

1 蒸或煮熟的馬鈴薯壓碎成泥後用美奶滋調味。

2 把馬鈴薯泥整成兩個大小的正方體，先不要疊上去。

3 小黃瓜用刨刀刨成薄片後，交叉於第一層的薯泥上。

4 第一層完成後，先把第二層要十字相交的小黃瓜片一端放好，再壓疊上第二個薯泥，然後繞過去另一端，把尾巴收漂亮。

5 用幾條較細的小黃瓜片來做綁花。因為圓狀的小黃瓜刨片時會有寬度大小之分，寬的用來做十字交叉的部分，窄的做綁花會更生動一些。

3

4

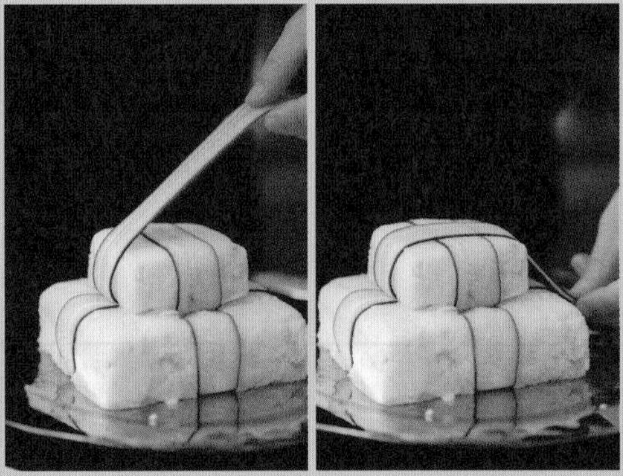

5

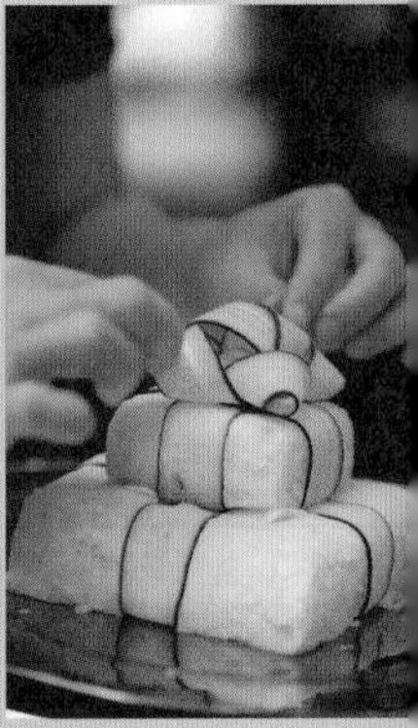

小朋友，聯想當然很重要，它使我們的創作得到不同的啟發，不過，使這個驚奇真正出現的原因，並不光是Bubu阿姨有聯想的能力，而是我真的把想法表達出來，讓它變成結果。

所以，下次你有什麼樣的想法，也許可以跟爸爸媽媽討論一下，如果得到他們的某些協助與允許，你的聯想就會長出美麗的翅膀，從心裡飛向你的生活裡。

最特別的禮盒：馬鈴薯沙拉

親愛的小朋友，Bubu阿姨為你們寫這個食譜時，最先想到的並不是「吃」這件事，而是想跟你們分享「創作」與「聯想」的問題。

很多人看到這個禮物形的兩層沙拉時問我：「妳怎麼這麼厲害，是在哪裡看到的？」其實，我並不是從其他食譜中看到這個做法的，我只是從一份廣告上的圖像，得到這個聯想。

有一天，有人寄給我一份廣告，那是一家很出名的珠寶店，畫面上的圖像很簡單、很乾淨，只是一個青藍色的硬紙盒上打著白蝴蝶結，也許，你們也常常看到這個廣告。

那天，Bubu阿姨正好要做一個馬鈴薯沙拉，所以，我立刻想到，馬鈴薯泥是軟的，我也可以把它整型成方盒的樣子，而小黃瓜片如果用刨刀一片片削下，它就可以有柔軟度，要裝飾成蝴蝶結就一點都不難了。

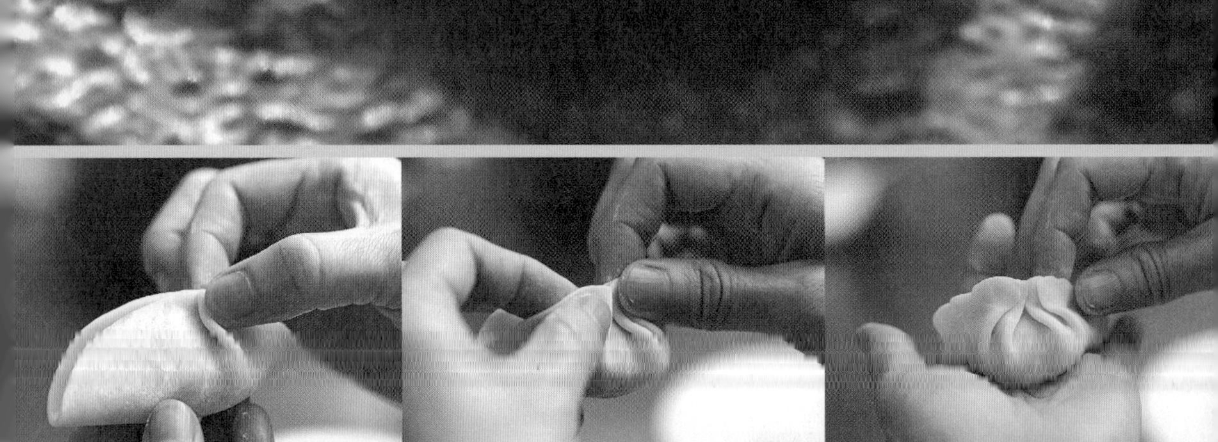

神氣的小元寶：包水餃

不管媽媽準備什麼餡料，如果可以自己動手包水餃，真是開心！

我的姑姑都很會包水餃，她們教我包水餃的時候，我學到了一些訣竅，好讓包出來的水餃可以坐得挺挺的。因為我們中國人又把水餃叫「元寶」，如果不能一隻隻神氣地坐起來，那就不叫「元寶」了。

包水餃的要訣

1 水餃皮的周圍要薄薄塗上一層水，這樣在捏折的時候才能緊緊地黏起來，否則媽媽下鍋的時候，水餃會打開。哇！皮開肉散。

2 餡如果包太少，水餃會扁扁的；如果太多，會跑出來。所以，要看餃子皮的大小來決定。最好的方法是先包一個起來之後，仔細觀察是太多還是太少。該加多少或減多少，都要從仔細觀察中再決定，這樣你才會找到最適合自己水餃皮的餡量。

3 捏餃子的時候先把中央的點定下來捏緊，然後右邊兩摺靠向中央點，左邊兩摺也靠向中央點。每一摺跟中央點會合的時候都要壓一壓、緊一緊。如果因為皮上的麵粉太乾，讓摺子無法緊密，在指尖沾點水，讓皮濕潤後再捏合。

4 把包好的水餃調整一下，讓餃子的底部好像「坐」著一樣，更立體好看。因為整隻都是軟的，所以很容易調整，動手試試看，就會懂得Bubu阿姨的意思了。

2

3

4 5

3 在一個容器內或乾淨的桌上圍上麵粉與薯泥，把蛋黃放在中間，加上一點鹽與胡椒調味，然後開始揉勻所有的材料。

4 變成一塊麵團之後，可以把它揉成細條、切成小塊，再用手整形，然後用一把叉子在馬鈴薯塊上輕壓一下做成花紋。

5 做好的薯塊要等水滾後再下鍋，因為薯泥已經是熟的，所以在鍋裡煮的時間很短，只要浮上來再滾一下就可以撈起來，再看要淋醬或是烤來吃。

西方麵疙瘩：馬鈴薯餃

馬鈴薯餃是義大利人的一種主食，它很像我們中國人的麵疙瘩，只是加了馬鈴薯之後，這種西方麵疙瘩吃起來就會比較鬆軟。

做好的馬鈴薯餃可以直接吃、拌醬吃，或是淋上醬、撒上乳酪絲再烤一下，就會像另一種披薩。當然，每一種吃法都不錯，給同一種材料不同的變化，就不會膩。這就像你已經有的東西或玩具，加上一點新的想法、稍微改變一下玩法，就會像擁有新東西一樣開心。

◘ 材料

馬鈴薯泥 1碗

低筋或中筋麵粉2/3碗

（如果希望軟一點、馬鈴薯味重一點，可以用1/2碗麵粉就好）

蛋黃1個

鹽與胡椒少許

3

◘ 作法

1 請媽媽把生的馬鈴薯用少許的水煮到非常熟軟、可以壓成泥卻不帶水的程度。當然，也可以用蒸的。

2 當媽媽把馬鈴薯拿起來之後，你可以用馬鈴薯搗泥器或飯匙，幫忙把馬鈴薯壓成很細的泥狀。要記得趁熱壓才容易，如果涼了會比較硬。

1

2

◘ 材料

- 市售酥皮。
- 各種蔬菜或魚肉，你可以跟媽媽討論自己喜歡的餡料，但蔬菜要先煮熟，水分要瀝乾或擰掉，否則酥皮會濕軟。
- 如果要調醬，白醬與紅醬都合適，即使不加醬只調味，也可以。
- 蛋黃1顆，用來塗抹酥皮表面。

◘ 作法

1 把一片酥皮放在容器內或直接放在烤盤上，再把內餡放在當中。

2 蓋上另一層酥皮。

3 塗上蛋汁，用200度烤到酥皮脹起並有漂亮的顏色。

3

◘ 注意

因為蛋黃容易焦，如果有上火的烤箱不要太靠近上火。萬一烤箱很小，塗蛋黃的動作可以等到酥皮膨脹起來之後，取出再做。再放進烤箱時，只要看到變成漂亮的金黃色，就可以拿出來了。

發揮你的好創意：蔬菜派

我們常看到的「派」是從英文的pie翻譯而來的。幾乎每個歐洲國家都有著名的派料理，但是，小朋友，你會不會跟Bubu阿姨一樣，當自己站在麵包店或餐廳看著派或塔時，在心裡納悶著它們到底有什麼不同？要怎麼分別？

「派」與「塔」最簡單的分別，就是一個密封、一個開放。所以，「派」是用兩層的派皮把餡包在其中，可以有各種各樣的形狀與組合；而「塔」是一面開口的點心，雖然在塔上面還可以有各種裝飾，但它的底部與上層的材料並不相同。

這個蔬菜派可以幫助你了解先用一層酥皮當底，一層層放入各種材料，或把材料全部混合放在中間當餡，然後再蓋起另一層酥皮的作法。

最可愛的是，你看，只要捏一捏或用小刀切出幾個開口，一塊原本平凡無奇的麵皮看起來就會很不一樣，這就是大家常說的「創意」。你自己想一想，一定會有好美的作品出現。

在下方的圖片裡，你也可以看到小廚師親手做的另一種海鮮派，他們只用一張酥皮把海鮮包在其中，小小的巧手還把包剩的另一條酥皮捏出蝴蝶結或小花，烤一下之後，變得好漂亮！

5

◘ 作法

1 把酵母粉放入溫水中等5分鐘。

2 加入其他所有的材料攪拌揉成麵團，大概揉7、8分鐘，再醒15分鐘。

3 烤箱預熱250度，烤盤鋪上烘焙紙或塗一層薄薄的橄欖油。

4 在烤盤上把醒好的麵團整形成1公分厚、你自己喜歡的大小與形狀的餅皮。
這麵團很軟，但不要擔心。

5 用250度烤10分鐘，拿出來後要分三層完成工作：

- 第一層先塗上醬；
- 第二層均勻地鋪上材料；
- 第三層均勻地撒上乳酪絲。

6 再進烤箱烤幾分鐘，直到乳酪絲都融化，並且呈現好看的金黃色。

享受拉絲的樂趣：披薩

外叫的披薩雖然很方便，但自己動手做一個也不難。小朋友，你知道披薩雖然是從義大利語翻譯而來，但現在已經成了全世界有名的食物。雖然賣披薩最有名的連鎖店是從美國開始的，但記得，披薩並不是美國的傳統食物，它跟義大利很出名、那個在半空傾斜的圓形高樓「比薩斜塔」也沒有關係，只是發音聽起來類似而已。披薩（pizza）並不是比薩（Pisa）的名食。

古代的歐洲人喜歡把薄薄的小圓麵團壓扁放在石頭上烤，加上醬料或食物一起吃，後來慢慢、慢慢地就演變成我們所知道，各種各樣的披薩。

現在做一個披薩，一定會包含四個部分：麵皮、塗醬、餡料、起司。

起司是Cheese的讀音翻譯，也就是乳酪。比較常用在披薩的乳酪，是切成細條狀的水牛乳酪Mozzarella，加熱後會融化，趁熱吃可以拉成絲，很多人喜歡吃披薩也是因為這個拉絲的樂趣。如果在家烤披薩，你就可以在出爐後馬上享受冒著煙又拉著絲的即席樂趣。不過，小心很燙！

◘ 材料

酵母粉7克、溫水1杯、中筋麵粉2又1/2杯、橄欖油1小匙

〔皮之外的材料〕

- 任何你喜歡的蔬菜或海鮮魚肉，但不要用久煮才能熟透的材料。
- 照片中的這個披薩，用的只有番茄、九層塔和起司，是地中海一帶常吃的簡單披薩。
- 在超市可以買到小瓶的披薩醬，是番茄與各種香料混合的濃醬，直接用來當塗醬很方便。
- 已經切好的乳酪絲，如果沒有用完，記得要包好冷凍起來。

2　4

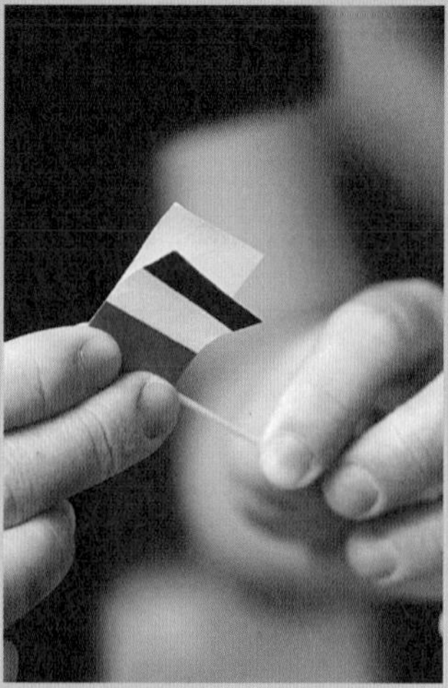

在餐桌上環遊世界：小旗子

插在這個玻璃杯裡的各國小旗子，小朋友，你都認識了嗎？哇！光是藍、白、紅這三種顏色的不同排列、橫的直的，就可以幫助你多認識好幾個國家。趕快去查一查，這樣，下一次媽媽如果做了不同國家的料理，你就可以做個可愛的小旗子插起來。

這些小旗子的做法很簡單，只要有一些牙籤和白紙就可以了。

當然，如果家裡有電腦和印表機，你做出來的就會像照片中這些國旗一樣。可是，如果你有彩色筆或蠟筆，用畫的應該會更漂亮，只要注意你用來上色的顏料碰到水，會不會有問題？因為有時候旗子會被食物碰濕，所以要很小心。

不一定是國旗，如果你的家人生日、或小朋友來家裡聚餐，你可以畫個可愛的小圖案，一樣用牙籤黏起來，就可以插在食物上當很好的裝飾（見左上圖）。

黏這個小旗子一點都不難，只要注意把牙籤包在紙中間，這樣讓兩邊的紙彼此有多一點黏合的面積，旗子就會很牢固。

Bubu阿姨記得，小時候第一次想黏這樣的小旗子，我是把棒子放在一邊，只用多一點的紙捲過棒子，結果總是黏不牢。第二次，我就發現應該要在紙的兩面都畫上圖案，再把棒子夾在中間，這樣不只很容易黏也黏得很牢。

小朋友，你一定看過有些餐廳在雞腿或羊排的骨頭上繫上一個漂亮的白紙環：它們看起來有點像一頂廚師的高帽，也有點像一條蓬蓬裙。有些法國餐廳還在紙環上再綁一條藍白紅三色的緞帶（想想看，為什麼是藍白紅而不是黑紅黃或綠白紅呢？為了讓你有多一點點的時間想一想，Bubu阿姨把答案放在這個主題的最後面。）

第一次看到有人在雞腿上套這樣的紙環，是在我媽媽的一本日文雜誌的圖片上；那個時候，我大概是小學四年級吧！因為很喜歡、很喜歡，所以我就盯著書裡的畫面，只想動手做出那樣好看的紙環。

小學四年級是十歲，已經可以做很多事情了。我們班上大部分的同學回家都要幫忙家務，我每天放學也一定會幫媽媽打掃家裡、洗米煮飯，再把全家人要洗澡的那爐熱水燒開。因為常常練習比紙環更難的家務，所以，當我看到、想做又真的動手去做的時候，很快就完成了一個漂亮的食物裝飾。以後媽媽在家請客的時候，我的紙環常常就派上用場了。

◘ 材料

剪刀、白紙或彩色玻璃紙（同樣的作法，如果是彩色玻璃紙就可以把它黏在牙籤上，變成茶宴上小點心的漂亮小叉子。）

◘ 作法

1 做一個用來綁大雞腿的紙環需要15公分長、9公分寬的紙。單色或雙色可以自己決定，但如果從單色做起，下一個想做雙色時，一定很快就可以觀察出紙要怎麼安排會更好看。

2 把紙對折，但不要把折線壓得太緊，免得線的痕跡太明顯，看起來很呆板。

3 像照片中那樣，從對折往離紙會合之處約1公分的地方剪出細條（見左頁第1排的剪法圖解），細條寬度可以依你自己的喜歡來決定。

4 剪好後把紙翻過來並稍微錯開一點點，這樣折線會看不見，彎曲的紙條就會顯得更圓、更可愛一些。

5 找一個類似你要套上的食物大小的物品（因為不油膩，才不會弄髒紙環）。

6 開始環繞剪出的紙條。每一圈如果都相差一點點的高度，繞出來的環就會很有層次。當然要試試看如果都維持在同一圈的高度，紙環看起來又有什麼不同。

（答案：因為法國國旗的顏色是藍白紅。）

把食物變得更美麗：紙環

〔後記〕

謝謝我同工的伙伴們

「安素」是病中、病後及療養者的營養補充品。沒想到它竟成了我們「小廚師」活動時，工作人員的午餐。

小廚師雖然在十點報到，但是我們所有的工作人員八點就開始各項準備工作。孩子離開時，通常是三點左右，但伙伴們卻不見得能馬上用餐，大家總想著：要先把工作做完、要先把工作做完，無論我怎麼催促，總是很難讓她們把吃飯當成重要的事情來看待。

在工作這八個鐘頭之間，伙伴們雖然照顧孩子中途用餐、會後吃點心，但我卻無法說服她們也同時吃些東西。於是「安素」就成了唯一可以為他們準備的體力補充品。

我想，這其實是無關於時間調配的問題，應該說是一種興奮與緊張的情緒作用，讓我們在快節奏中無法靜下心來好好進食。從沒有伙伴給過我一聲抱怨，但我心知肚明，大家是如何在支援這個計畫、在無言中響應我「既為孩子舉辦，就要全心對待孩子」的信念。

我們沒有任何人受過教育訓練，只帶著一份熱情就展開了這樣的活動。我的想法之所以能一路實行下來，完全是因為工作人員不斷地付出與因觀察而累積的默契。我相信，所有參加過小廚師的家長都可以感受到工作人員的不容易，而我更是一次又一次，帶著感謝的心過完舉辦活動的一天。

小米粉是我最得力的助手與重擔的分承者，沒有她，我不會有勇氣這樣把活動辦下去。庭宜、惠萱與詩婷，雖然都只是十幾、二十歲的小女孩，但她們對孩子的耐心與體力付出，遠超過我的期望。

要對妳們說的，何止「謝謝」兩個字！因為妳們的幫助，使「小廚師」的理想因而匯集了更多的愛與美意。

親愛的Bubu姐：

剛剛習慣性地打開您的部落格時，意外發現您為小女迎曦寄的卡片，寫下「學會與做完」這篇發人深省的文章。

首先要謝謝您，提供場地、人力，給孩子們這個實做的機會。那天實際參與，我們更深刻地理解到這樣一場活動，BitBit Café每一個人所需花費的大量心神。

這個真實的經驗對孩子而言非常難得。她總會想起那天的某些片段，津津與我們分享，臉上泛著微笑。我知道，那是在活動中充分地被尊重而自重，肯認真並更多地發掘自己潛在能力之後的笑容。我們也學習到很多。

迎曦利用時間完成卡片後，興沖沖要趕快去投遞，她希望一個星期以來一直想念著的阿姨哥哥姐姐們趕快收到——迫切得讓我來不及添上我自己感謝的話語。我想，那是她的心意，就讓她單純而完整吧！

您貼出了這篇文章，我除了要謝謝您對迎曦心意的重視外，更要謝謝您讓我在教養上某個長久的疑問，彷彿找到解答的曙光。

她其實就是您文中說的那位您帶著切彩椒的小一生（即將升小二，而不是小二升小三。那天的孩子中，她和好友綵瑢是年級最低的），看您敘述她如何專注地完成切彩椒的工作，並且做得不錯，我的眼眶不禁發熱起來。

平時，我們總在乎著她專注力不足，而有些憂心，看來是我們沒有使對力。細讀您的文字，我有新的體認，希望能更調整帶她的方式。切彩椒的事，和以噴槍烤布丁的事，是她這十幾天以來最常提及的。我想是因為發現自己的新能力，讓她非常喜悅。

的確，我們平時太急於求「會」而太缺乏等待的功夫。謝謝您的提醒，雖然要當龜兔合體的孩子的母親不太容易，卻是我需要一輩子持續努力的功課。

——迎曦的媽媽（瑋芬）

您好：

非常感謝Bubu姐提供了今天這個讓小朋友大展身手的機會。

平常天愛一個禮拜的運動量不算少（二個小時跆拳道，一個小時游泳，五個小時圍棋課及十四個小時直排輪課），但她今天竟然告訴媽咪：「好累哦！」可見她真的是體驗了很不一樣的五個小時。

天愛說她今天學了點餐，小黃瓜切薄片，小黃瓜刨成長片，蘋果切丁，送餐，收餐具，洗餐具，其中拿刀子切的工作讓她覺得很有成就感。因為在家她會倒垃圾，洗馬桶，曬衣服，洗米下鍋，洗餐具，但媽媽還沒讓她拿過菜刀，所以這讓她覺得充滿新鮮感。

我很喜歡在Bubu姐的文章中感受到家事所創造出來的幸福感及快樂感，因為這是我自認為最欠缺的一部分。從小做家事，但它對我的意義一直是責任和被當成男人的傭人（因為家裡的男人都不用做家事，現在先生也覺得家事是女人的事），我希望慢慢教導天愛——為家人做家事，為家人製造幸福。

感謝今天所有的工作人員，教導天愛，讓她度過了很不一樣的五個小時。

——天愛媽咪

Bubu,

Nathan and Natalie loved you and your class very much!!! I really appreciate that I had the chances for the classes both for me and my kids... THANK YOU!!!

"Little Chef" class for me is a sweet and shocking experience! I used to be an elementary school teacher before in Taiwan, so I could definitely say what you did is NOT easy at all. It is so true that if we give kids chances and proper instructions, they have tremendous potential to prove to us how much they could do! You proved that to all the parents in the "Little Chef" class! The problem left to us is now how to persist what you have done in our normal daily lives....

I still can't forget the class I attended... It's so good to see you as a real person talking and doing things in front of us! I had so much to say but didn't quite know how to express it that day... It's such a full feeling that I didn't know how to release... Thanks for being so nice when answering my questions. I had been trying so hard to be the perfect mother, yet, not only exhausting myself completely, but also put a lot of pressure on my kids and my husband... I shall keep your words in mind (there are too many to be quoted here)...

Just doing the unpacking now... and Natalie said... "Wow, look at our home and Bubu's restaurant... We should do something as soon as possible"... Now I have a little Bubu at home to remind me... :-)

——Wanling

蔡老師：

非常佩服您！啟發每一個孩子優勢的潛能，
很難想像您以一個非教育從業人員，卻能如此專業與熱誠地帶領每一個孩子，
激發他內心對一份工作學習的成就、肯定。
雖然我的孩子沒參與，但我想對於每一個父母而言都是難以言喻的高興，
至少我看到在場的父母都有如此的心情。
今天我觀察、發現孩子們在整個準備與服務的應對上是如此投入，
這份投入就是最好的學習！
看到您諸多肯定孩子們，就知道您的熱忱！今天一整天辛苦您了！
佩服您不會因為曾有人受傷就放棄給予學習機會，
佩服您在一天的辛勞後繼續為教育工作付出，我們感受到了！
以您的專業與細心，您不必再擔憂而失眠，每一次都會非常順利圓滿！
因為您給予他們信心、責任與專業！
再一次謝謝您！讓我和家人可以如此貼近這一次的學習，
享受美食、愉悅地領受到每一個孩子的學習成就！

——仰賢

Dear Bubu：

妳好！我是5/17參加小廚師活動的凱翔的媽媽！寫這封E-mail是想謝謝妳盡心盡力地為我們安排了美好的一天！那天凱翔做（玩）得很開心，大人則是很感動！

上週日回家我跟他聊到當天的活動情況時，我看到他邊說他的感覺，臉上邊散發出光芒，那是一種真心的喜悅！我相信當天的活動對我、對他都留下了深刻的體驗！

由於當我們進了餐廳坐下後，慧雅過來時跟我說了凱翔很棒，一直進進出出很認真的做事，所以我在用餐期間又再觀察了一下。真的耶！只見他小小的身影像巡邏警察一樣到處察看，不時的問：「請問有什麼需要服務的嗎？」「可以收了嗎？」那神態是非常認真盡職的！回家後我跟他說，我看到你很認真地在上菜收盤子耶，他說因為在點菜或幫人家送餐收盤時，他看到客人的臉上露出笑容，心裡也會跟著開心起來。另外，我提到洪蘭老師那一桌，他還跟我說因為那一桌年紀大的人比較多，所以他會常常過去問他們有沒有什麼需要服務的，而且因為他們動作比較慢，所以要有耐心等一下。聽到這話的當下，我是很驚喜的，驚喜於小孩細膩的心思，也開心他感受到了替人服務的樂趣！

我相信當天的活動在凱翔心中撒下了一顆種子，他切切實實感受到實作與服務的樂趣，非僅是媽媽在家的諄諄說教。猶記得之前開始教他做家事時，他是不甘願的，他覺得為什麼他要做家事？我坐下來跟他說這個家是我們三個人的，爸爸媽媽很愛你，我們願意為你做很多事，但那並不表示我們應該為你做，我們要一起來分擔這些家務。一開始當然挫折不斷、衝突不斷，但是在一次又一次的溝通下，現在他已經可以認同，甚至偶爾還看到他自己從中找樂子！（雖然常常還是需要媽媽在旁耳提面命。）

從妳的第一本書開始，我就是忠實讀者，連我們家先生也全數拜讀過妳的作品。有一段妳寫過的話，讓我相當受用，想告訴妳並謝謝妳。以前是金融從業人員，所以生活步驟十分緊湊且講求效率，或許因為如此，不知不覺也這樣要求孩子。有一次凱翔的一位老師問我：「妳是不是個相當講求效率的人？」我愣了一下，說：「是啊！」她說太過講求效率會給孩子太大的壓力，我說：「我對凱翔的腳步已經放緩了，不是用大人的標準來看。」老師說還不夠……

回家之後我省思了很久，後來又看到妳在某篇文章的一段話，妳說妳雖然動作很快，但對收穫的期待卻總是很慢，很有耐心……，對於教養孩子更是如此，我想就是這個態度吧。我要求做事要有效率，卻忘了站在孩子的高度來看事情，我以為的放緩對他來說還是太快。從那之後，我時時提醒自己放慢腳步、耐心等待，雖然有時性急的我仍會有脫序的演出，但是慢慢的、慢慢的，我的腳步真的放緩了，而我看到小孩的心也放寬了！

最後，還是再次謝謝妳為這些小朋友準備了這麼棒的活動，我們也會繼續朝著做個「好大人」的目標努力！

——凱翔媽媽

Dear Bubu姐 ：

展信愉快！我是芷瑜與芷晴的媽媽，非常謝謝您提供孩子這麼好的經驗，讓孩子有機會與您一起學習。

星期天，我們在回台中的路途上，孩子一直分享著當天的點點滴滴直到入睡。我跟孩子說：我看到一位小姐姐總是很機靈的去做事情……真是厲害啊！孩子馬上跟我分享，說：是不是長得……對，她是一個很負責任的人喔！

從孩子口中說出「負責任」三個字時，我知道這不是一場辦家家酒的遊戲，而是一項做事態度的學習。真的很謝謝您！

也很謝謝您們包容我們這群「太愛自己小孩的家長」。

我發現翁先生全程都沒有開啟閃光燈，真是讓我佩服。我想這是您們給我的教導——「尊重」。

再一次，謝謝您與您們的工作團隊。

——慧雯

Bubu姐，您好～～

我是12月19日小廚師思嫻的媽媽，參加完小廚師的活動也將近一星期了。
雖然活動只有短短的幾個鐘頭，可是感動卻久久不能自已……
相信嗎？思嫻可以不厭其煩把那天的過程完整地講給六群人聽～～好可愛，
現在大家都知道要如何剝蝦跟煮拿鐵了。
這一天，感動於Bubu姐及BitBit Café工作人員的用心，也感動於小廚師的認真，
帶給我和先生一個美好的午宴～非常感謝！
常常，對著Bubu姐書中的文字反覆咀嚼，期許自己能成為好大人，
也覺得Eric大哥的相片，彷彿會說故事。
還沒有參加小廚師之前，我常常在螢幕前因為這些照片裡孩子專注的神情，
或是Bubu姐在教導小廚師時的風采，感動得眼眶泛淚。
看著Eric大哥不停地穿梭四處，只為捕捉美好的鏡頭～好用心。
思嫻看到自己的照片出現在新文章中也好興奮呢！
餐後的會談中，聽到Bubu姐不疾不徐的溫柔聲音，心裡想著：
天啊！我上次溫柔的講話，應該是初嚐愛情滋味時吧！
當媽媽後，真的離溫柔越來越遠……只剩下不停的叨唸了～
所以，我在心裡告訴自己：找回溫柔，好好說話吧！
只是，不知道自己會不會肉麻到受不了？哈！
但是，只要開始，永遠都不晚的！

——思嫻媽媽

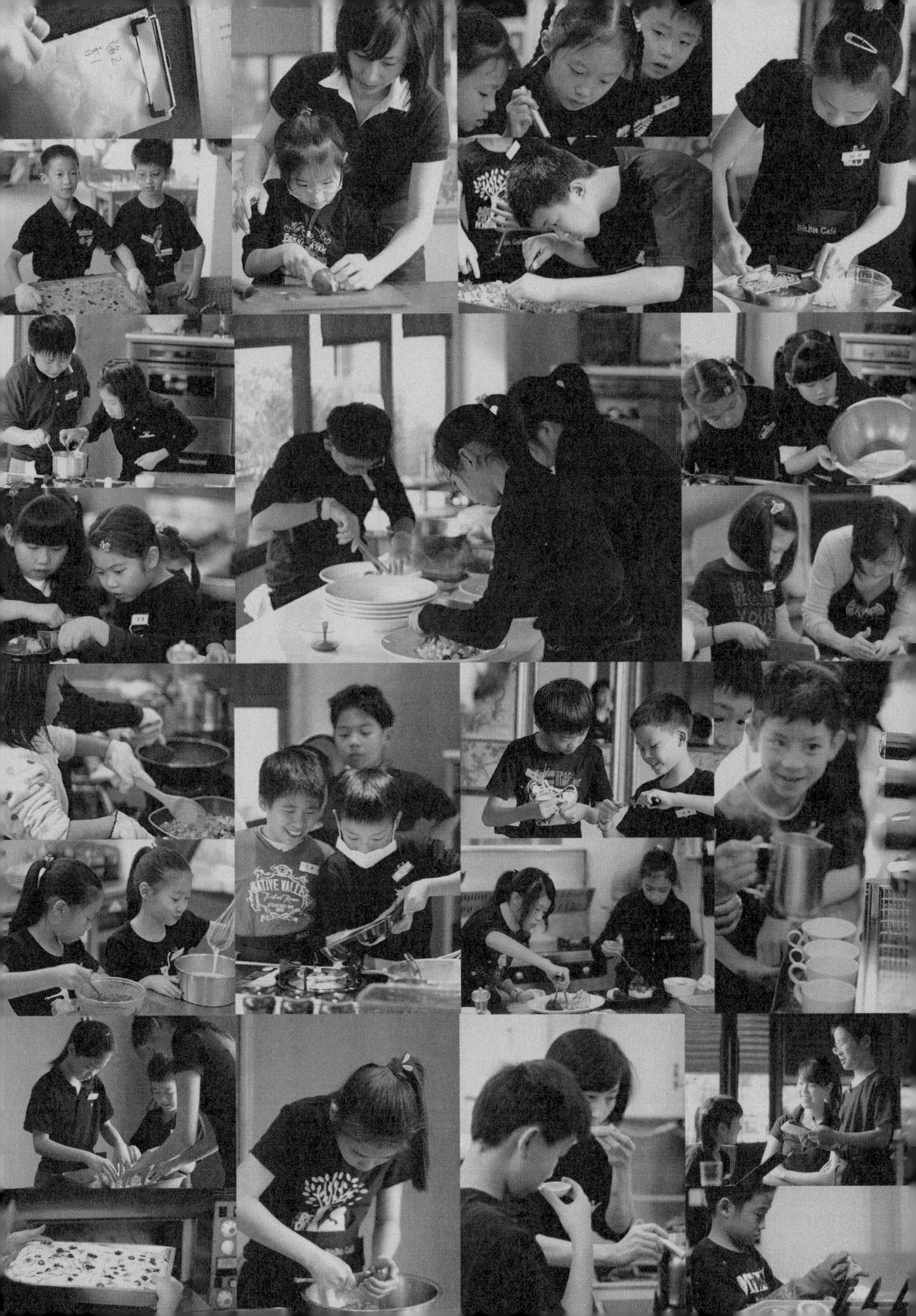
BitBit Café

蔡穎卿作品集3

小廚師——我的幸福投資

作者—蔡穎卿
攝影—Eric
封面插畫—Pony
主編—郭玢玢
美術編輯—比比司
專案企劃—艾青荷
校對—蔡穎卿、郭玢玢
董事長
總經理—趙政岷
總編輯—余宜芳
出版者—時報文化出版企業股份有限公司
10803台北市和平西路三段二四〇號五樓
發行專線—（〇二）二三〇六—六八四二
讀者服務專線—〇八〇〇—二三一—七〇五．（〇二）二三〇四—七一〇三
讀者服務傳真—（〇二）二三〇四—六八五八
郵撥—一九三四四七二四時報文化出版公司
信箱—台北郵政七九～九九信箱
時報悅讀網—http://www.readingtimes.com.tw
電子郵件信箱—ctliving@readingtimes.com.tw
法律顧問—理律法律事務所　陳長文律師、李念祖律師
印刷—華展印刷有限公司
初版一刷—二〇一〇年七月五日
初版四刷—二〇一七年五月二日
定價—三五〇元
（缺頁或破損的書，請寄回更換）

時報文化出版公司成立於一九七五年，
並於一九九九年股票上櫃公開發行，於二〇〇八年脫離中時集團非屬旺中，
以「尊重智慧與創意的文化事業」為信念。

國家圖書館出版品預行編目資料

小廚師：我的幸福投資 / 蔡穎卿著.
-- 初版. -- 臺北市 : 時報文化, 2010.07
面； 公分. --（作家作品集 ; 61）

ISBN 978-957-13-5230-5（平裝）.

1. 親職教育 2. 親子關係 3. 食譜
528.2　　99011865

ISBN：978-957-13-5230-5
Printed in Taiwan